D1011139

EL CHAPO GUZMÁN:
EL JUICIO DEL SIGLO

EL CHAPO GUZMÁN: EL JUICIO DEL SIGLO

TODO LO QUE NO SABÍAS DEL NARCOTRAFICANTE MÁS BUSCADO DEL MUNDO CONTADO POR LOS CRIMINALES QUE LO TRAICIONARON

ALEJANDRA IBARRA CHAOUL

Prólogo de Ismael Bojórquez Perea
director de Ríodoce

Primera edición: julio de 2019
Tercera impresión: octubre de 2020

www.megustaleerenespanol.com

ISBN: 978-1-644730-79-9

Impreso en Estados Unidos – *Printed in USA*

Penguin
Random House
Grupo Editorial

Para mis padres, cuyo apoyo constante me arropa,
me sostiene y me impulsa.

Para Javier.

"El mundo, aquel mundo comprensible y racional, se escapaba sin sentir."

—William Golding, *El Señor de las moscas*

"Era el mejor de los tiempos y era el peor de los tiempos; la edad de la sabiduría y también de la locura; la época de las creencias y de la incredulidad; la era de la luz y de las tinieblas; la primavera de la esperanza y el invierno de la desesperación. Todo lo poseíamos, pero nada teníamos; íbamos directamente al cielo y nos extraviábamos en el camino opuesto. En una palabra, aquella época era tan parecida a la actual, que nuestras más notables autoridades insisten en que, tanto en lo que se refiere al bien como al mal, sólo es aceptable la comparación en grado superlativo."

—Charles Dickens, *Historia de dos ciudades*

ÍNDICE

AGRADECIMIENTOS

Nada de esto —entrar a la corte, cubrir este juicio y llegar a escribir este libro— hubiera sido posible sin la generosidad y confianza que Ismael Bojórquez depositó en mí. Ismael, gracias. Quiero también agradecer a Roxana Vivanco por la guía en la cobertura, el apoyo a la distancia y el equipo que formamos para armar las notas rápidas. Gracias a Andrés Villarreal y a Miguel Ángel Vega, de *Ríodoce*, quienes recibieron mi cobertura del juicio con brazos abiertos.

Por las risas y canciones en la madrugada, las carreras del ala sur al ala norte del piso seis, los abrazos, el apoyo constante y la solidaridad infinita, gracias a mis compañeros de trinchera: Marisa Céspedes, Víctor Sancho, Jesús Esquivel, David Brooks, Diana Baptista, María Santana, Jesús García, Sandro Pozzi, Molly Crane-Newman, Keegan Hamilton, Amanda Ottaway, Juan Vázquez, Ioan Grillo, Marta Dhanis, Maibort Petit, Noah Hurowitz, Claudia Torrens, Silvina Sterin Pensel, Rebeka Smyth, Rogelio Mora Tagle, Alan Feuer, Blanca Rosa Vílchez, Nayelli Chávez-Geller, Laura Sepúlveda, Phoebe Eaton, Emily Palmer, Tom Hayes, Maurizio Guerrero, Kevin McCoy, Sonia Monghe, Nicole Hong, Isaías Alvarado, Melissa Chan e Irene Plagianos.

Gracias, Marisa, por crear e implementar la lista, por brindar siempre calma ante la locura, por inyectar humanismo a cada día y consciencia a nuestro trabajo; por cubrirme de las inclemencias del clima y ofrecer siempre un resguardo ante el caos; gracias por cuidarme. Gracias Víctor por la complicidad en la cobertura, por compartir la fascinación de la estructura lógica de las preguntas de Purpura, por el apoyo moral durante el testimonio de Dámaso y por las *Oreo*. Gracias Jesús por tus anécdotas, por compartir tu experiencia como experto del narco y ofrecer contexto en los días más incomprensibles, por probar la *Nutella*, por tu compañerismo y las risas. Gracias David por los cafés en la madrugada, por compartir las observaciones culturales de la prensa internacional y nacional, por las conversaciones que trascendían la inmediatez de los eventos del día y dibujar una visión panorámica que, ojalá nos permita, al menos, intentar entender lo que todo esto significa. Gracias, Diana Baptista por la sororidad, las pláticas y consejos, por darme el empujón necesario para llegar a la corte ese primer día, de la cual no salí en tres meses.

La primera persona que supo de este libro, desde que era apenas una posibilidad, fue José Ramón Enríquez González. Desde ese primer momento, hasta el minuto en que se fue a imprenta, sus observaciones puntuales y visión estratégica me ayudaron a encontrar dirección, sobre todo cuando me sentía más perdida. Gracias por acompañarme en este proceso.

Los consejos de mis mentores me acompañaron todos los días de esta odisea, pero especialmente los de Steve Coll, quien me enseñó —entre otras cosas— el valor de la paciencia, la importancia de la cronología y la riqueza en los detalles. Gracias a Diego Enrique Osorno por haber visto en mi hambre por escribir, un potencial periodístico: las puertas que me abriste cambiaron mi vida.

Gracias, finalmente, a mi editor César Ramos, por creer en mí y en este proyecto cuando apenas era un manojo de ideas y un montón de ganas. Gracias por apostar en las nuevas generaciones y por tu apoyo constante.

NADA CAMBIA DESPUÉS DE "EL JUICIO DEL SIGLO"

ISMAEL BOJÓRQUEZ PEREA

Fue a principios de enero cuando nos avisaron. El juicio en Brooklyn estaba generando fricciones entre Ismael Zambada García y los hijos de Joaquín Guzmán Loera. Era una pregunta que me hacían con frecuencia los medios nacionales. Qué está pasando en Sinaloa, cómo está impactando el juicio en la tierra de los más grandes capos que ha parido este país, en la cuna del Cártel de Sinaloa, la plaza del Chapo. Todo está tranquilo por acá, les decía. Y estaba. Por lo menos durante las primeras semanas de haber iniciado el juicio. Después no. Según nuestras fuentes, después de las declaraciones de su hijo Vicente Zambada, El Mayo se comunicó con los hijos del Chapo, Iván Guzmán Salazar y su hermano Alfredo. Les pidió que le enviaran un mensaje a su padre, que debía declararse culpable, que ya no tenía salida y que quería ayudar a su hijo para que saliera pronto.

El Vicentillo fue extraditado en febrero de 2010 y después de un largo jaloneo entre los fiscales y su defensa, el acusado alegó una figura legal que se llama "autoridad pública" y que supuestamente le otorgaba inmunidad contra actos criminales. No hay que olvidar que dos horas antes de ser detenido en Ciudad de México, en 2009, Vicente había estado en una reunión con dos agentes de la DEA en el hotel María Isabel Sheraton, ubicado a un costado de la embajada de los Estados Unidos. Vaya coincidencia.

Tenía acusaciones en cortes federales de Washington y Chicago, y aunque terminó declarándose culpable llegó a un acuerdo con los fiscales y los jueces para obtener una sentencia mínima a cambio de cooperar con la justicia norteamericana. Por eso estaba ahí Vicente frente al Chapo, su socio, su compadre, su amigo, señalándolo en un acto de congruencia criminal. Bisnes son bisnes.

No debió gustarles mucho la petición a los Chapitos. Respetan al Mayo. Son familias que históricamente han colaborado. Han estado fusil con fusil en las más sangrientas guerras con los otros cárteles de la droga. Han hecho dinero juntas y han creado imperios en México y otros países. Pero se trataba del padre, de su padre en el banquillo de una corte gringa, todo el peso de las pruebas encima, testimonios que vendieron su alma al diablo para alivianar el peso de sus propios procesos judiciales.

No le respondieron o quizás un "lo veremos". Días después Ismael Zambada los citó en alguna de sus guaridas y no fueron por desconfianza. Las cosas se tensaron. Por el contrario, Iván y Alfredo decidieron prepararse para una discrepancia mayor y una de las primeras medidas fue hacerse por la fuerza de 200 vehículos adicionales, principalmente camionetas. No se apreciaba mucho en la superficie, pero se percibía que algo muy turbio se movía en los túneles de la ciudad.

Siempre estuvimos pulsando reacciones en Culiacán durante el juicio. Algo podía pasar, decíamos. La atención que en Sinaloa se le prestó estaba determinada por muchos factores: la fuerza mediática del acusado y hasta el cariño y admiración que muchas y muchos sienten por él, los personajes que gravitaban en torno suyo —principalmente los testimonios—, la historia del narco, el interés por la información que ahora fluiría en la corte… y especialmente la cobertura que estaba haciendo *Ríodoce* a través de Alejandra

Ibarra Chaoul, quien, con recursos mínimos, estuvo a la altura, en calidad y tiempo, de los más importantes medios y periodistas internacionales.

Los testimonios más importantes eran de aquí y todos habían sido parte de un mismo equipo criminal. Jesús Reynaldo Zambada, El Rey, también sujeto a proceso en una corte de Chicago, dijo cosas insólitas de su compadre El Chapo. Lo mismo Vicente Zambada. Y Dámaso López Núñez, quien desvió la atención del crimen del periodista sinaloense Javier Valdez hacia otros móviles y otros autores intelectuales.

Fue como estar en una gran carpa. Jeffrey Lichtman, uno de los abogados del Chapo, aseguró, desde el arranque del juicio, que su cliente no era el líder del Cártel de Sinaloa, sino El Mayo Zambada. Y en una declaración insólita, afirmó que Guzmán Loera era un chivo expiatorio y que el gobierno mexicano defiende a Ismael Zambada porque los expresidentes Enrique Peña Nieto y Felipe Calderón habían recibido sobornos del cártel, en particular de Zambada García. Con ello la defensa sembraba a futuro, germinara o no la semilla.

La declaración del Rey Zambada fue, en sí, una crónica fabulosa de lo que ha hecho el Cártel de Sinaloa en los últimos lustros, bajo el liderazgo de su hermano y del Chapo, y que Alejandra recoge de manera precisa en este libro con la chispa de una reportera que tiene la virtud de estar haciendo sus pininos en el periodismo, lo cual brinda la ventaja de una mirada nueva que parece estar descubriendo el mundo apenas. Y por ello no se le escapa nada y ningún dato es desechable.

Siempre se ha dicho y especulado sobre la gran corrupción que impera en las esferas del Gobierno cuando se habla de narcotráfico, pero que lo haya declarado y sostenido con lujo de detalles un hombre como El Rey Zambada, durante el juicio más importante del siglo hasta ahora, era sencillamente espectacular. Igual la narración que hizo de los asesinatos cometidos contra líderes de otros cárteles, socios, subalternos y jefes policiacos.

El hermano del Mayo, extraditado a Estados Unidos en 2012, hizo una relatoría pormenorizada de cómo funciona el cártel, sus relaciones entre los diferentes líderes, la compra de favores a gobernadores, jefes policiacos y militares, a funcionarios de la PGR, incluso a la Interpol.

Y para que no dudaran, él mismo desdobló su testimonio. Aceptó, en una de las sesiones en la corte, que había llegado a un acuerdo —no precisó la fecha— con el gobierno norteamericano porque quería reducir su condena; dijo que había aceptado colaborar con los gringos a cambio de la benevolencia del juez. Por ello la seguridad con la que hablaba, como quien responde un cuestionario con un "acordeón" en la mano. Y por ello también la "familiaridad" del Rey con los fiscales y el juez, con quienes intercambió algunos juegos verbales.

La crónica que Alejandra Ibarra nos presenta aquí, cubre las once semanas que duró el juicio por donde desfilaron 56 testigos, todos acusando al hombre de La Tuna, Badiraguato, ante su mirada casi siempre atónita, comprensiva a veces, pero nunca fría. Siempre en la sala Emma Coronel, El Chapo parecía fugarse, ahora en sueños con la madre de sus gemelas, mientras el juicio rodaba como una cinta que por momentos parecía inacabable.

Porque todo fue montado como para un espectáculo donde el cerrojo fue que la DEA publicó un video de los momentos en que Joaquín Guzmán Loera es trasladado de México a los Estados Unidos y donde da a entender que está asustado y llorando. Horas antes el jurado había dado su veredicto unánime en todos los cargos que le imputaron: "Culpable." El Chapo vivía uno de los momentos más angustiosos de su vida, la madre de sus hijas a sólo unos metros de distancia pero inalcanzable, más allá de Plutón.

No había dudas para los que siguieron el juicio ni para el jurado: El Chapo Guzmán era realmente el monstruo que el propio gobierno norteamericano había construido durante lustros, el "enemigo público número uno", el gran capo de las drogas en el mundo, un despiadado, un asesino, un violador, envenenador de hombres y mujeres, niños; corruptor de autoridades e instituciones, de gobiernos enteros.

El Chapo fue, de algún modo, el Meursault de Brooklyn. Llegó un momento en que no se sabía si lo estaban acusando de narcotraficante o de insensible. En *El extranjero* de Camus, Meursault no es juzgado por haber matado a un árabe en un arranque de locura, sino por no haber llorado por la muerte de su madre y de haberse tomado un vaso de leche cuando tenía el cuerpo tendido a un metro de distancia. Como El Chapo, tampoco se defendió y fue sentenciado a la horca.

En la corte de Brooklyn se montó una ceremonia para demostrar que el hombre que estaba en el banquillo no era aquel héroe de las montañas que daba trabajo, que ayudaba y defendía a la gente, que invertía y creaba empleos; que no era el ídolo por el cual miles de hombres y mujeres, la mayoría jóvenes, marcharon por las calles de Sinaloa en 2014 para exigir que fuera liberado, una vez que fue reaprehendido en Mazatlán. Que ese hombrecillo de traje y corbata de utilería, mirando siempre a Emma Coronel con los ojos inyectados por el desvelo y la desesperanza, de 1.64 de estatura y 62 años a cuestas, al momento de terminar este libro, era en realidad un pequeño monstruo.

En los hechos, el juicio del Chapo Guzmán fueron muchos juicios. En el banquillo de los acusados estuvieron sus socios, principalmente Ismael Zambada. También sus hijos. Pero, principalmente, el gobierno mexicano, varios generales del ejército, gobernadores, policías, políticos, el país entero. Y del lado del bien, inmaculados e intocables, los norteamericanos, la corte que lo juzga, el fiscal que lo acusa, el juez que dará la sentencia, la DEA, el ICE, el Departamento del Tesoro...

Fue como una obra teatral donde se trataba de representar al bien y al mal y el lugar que cada cual ocupa en la consciencia colectiva. El Chapo con su imperio de muerte donde caben todos menos ellos. Y ellos convertidos en la gran Espada de Damocles decidiendo como dioses no si la dejan caer, sino cómo y cuándo.

Luego sabremos por qué El Chapo Guzmán no apeló a figuras legales como la llamada "autoridad pública", que hubiera, sin duda, sellado el juicio, como fue el caso de Vicente Zambada. Y entonces todo se hubiera cocinado en los sótanos de la corte. Y por qué la estrategia de Guzmán Loera fue frontal. Nunca se declaró culpable de los cargos pero llegado el momento se rehusó a hablar y a defenderse.

El juicio y el destino del Chapo fueron muy distintos al del Vicentillo a pesar de que se encuentran juntos en varios procesos; tenían que ser distintos y del tamaño del monstruo mediático que los mismos gringos ayudaron a crear. Por eso fue también un juicio moral donde debía quedar claro que si en Estados Unidos mueren decenas de miles de adictos al año no es por las políticas prohibicionistas del gobierno central que imperan desde principios del siglo pasado —y porque el mismo gobierno estadunidense desde entonces se ha beneficiado de la política "contra" las drogas—, sino porque en el resto del mundo existen infiernos como México y Colombia que generan demonios como El Chapo todos los días y que hay que conjurar.

Nada cambiará en Estados Unidos después de este juicio, o nada parece estar cambiando, como bien concluye Alejandra Ibarra y lo cual suscribo sin reservas. Absolutamente nada. La droga seguirá llegando a sus calles y a sus barrios umbrosos, a sus grandes mansiones, a sus fiestas y bacanales, a sus escuelas. Desgraciadamente.

¿Y qué pasará en México después de este espectáculo circense lleno de fieras esposadas y domadores de paja? Nada. Tampoco pasará nada. México seguirá siendo por muchos años más, la gran plataforma, el gran trampolín para que la droga llegue al suelo norteamericano, esa enorme y creciente y penosa alberca de adictos a las drogas. Pero eso no se discutió en el juicio porque no estaba en cuestión la moral gringa, sino la nuestra. Bien dijo Gabriel García Márquez cuando juzgaron a Bill Clinton por haberse enredado con una becaria, que "el puritanismo es un vicio insaciable que se alimenta de su propia mierda". Y eso es lo que se evidenció en el juicio contra El Chapo.

Lo que el lector tiene en sus manos, *El Chapo Guzmán: el juicio del siglo,* es la crónica contada por los propios protagonistas del crimen organizado en América en los últimos 30 años, fuentes inapelables de carne y hueso; pero también el gran reportaje de una joven periodista que se encontró de pronto ante la disyuntiva de saltar o no sin red, escrito con objetividad pero también con una mirada que vaga entre el aturdimiento y la fascinación.

INTRODUCCIÓN

Llegué a cubrir el juicio contra El Chapo Guzmán —como todas las cosas buenas en la vida— por estar en el lugar correcto en el momento indicado. Había visto a Ismael Bojórquez, director de *Ríodoce*, un par de veces en la Escuela de Periodismo de la Universidad de Columbia, donde trabajaba como becaria. En ambos casos coincidimos en eventos que trataban el tema de la violencia contra periodistas en México.

Una semana antes de que empezara el juicio le escribí para pedirle información sobre Javier Valdez Cárdenas, cofundador del semanario que dirigía, para un proyecto sobre periodistas asesinados en México. A Javier lo mataron saliendo de las oficinas de *Ríodoce* en 2017. "Deberías estar cubriendo el juicio del Chapo para nosotros", me dijo ese día entre tantas cosas. Era una de esas oportunidades que sólo se dan una vez en la vida. Le dije que sí, intentando sonar casual mientras trataba de contener mi emoción.

Representar a *Ríodoce* entre la prensa nacional e internacional me confirió enorme respeto y durante toda la cobertura fue un honor portar el gafete con su nombre. El día que entré a la sala 8D de la corte federal de Nueva York, en Brooklyn, supe que ese evento cambiaría mi vida. Pero antes de que eso sucediera, lo único que sabía del Chapo Guzmán era lo siguiente:

Joaquín Archivaldo Guzmán Loera fue extraditado a Estados Unidos el 19 de enero de 2017. Un día después, el 20 de enero, se declaró no culpable. Ese mismo día, Donald John Trump se convirtió en el presidente número 45 del mismo país, después de una campaña memorable, entre otras cosas, por sus incendiarios comentarios racistas en contra de los mexicanos.

Anteriormente, el gobierno mexicano había negado la extradición de uno de los narcos más célebres del mundo después de su captura, la madrugada del 22 de febrero de 2014 en el condominio Miramar, sobre el malecón de la ciudad costera de Mazatlán, en Sinaloa. Me acuerdo particularmente de este suceso, me quedé todo el día pasmada viendo lo que pasaba en Twitter sin dar crédito a lo que leía y sin entender que todos a mi alrededor siguieran tan tranquilos. Era la segunda vez que las autoridades mexicanas atrapaban a Guzmán Loera, y era también la segunda vez que serían incapaces de retenerlo.

Años antes, en junio de 1993, el sinaloense había sido capturado en Guatemala. Tras su primer arresto, después de una estancia breve en la prisión del Altiplano, permaneció en la prisión de máxima seguridad de Puente Grande, Jalisco, hasta el 19 de enero de 2001, cuando escapó —según la versión oficial— en un carrito de lavandería. Días antes, a finales de diciembre de 2000, el Senado de la República había aprobado el Protocolo al Tratado de Extradición entre los Estados Unidos Mexicanos y los Estados Unidos de América, que entraría en vigor el 21 de mayo de 2001.[1] Parecía, a todas luces, que El Chapo sabía bien cuándo escapar, y de quién.

En 2014, después de su segunda captura, Guzmán Loera fue enviado al Penal Federal del Altiplano, también de máxima seguridad, en Almoloya, Estado de México. Ahí estaría hasta el 11 de julio del año siguiente; escapó de forme célebre por un túnel que conectaba un terreno cercano con el baño de su celda en la prisión. La noticia explotó en los principales medios del país y del extranjero. Me acuerdo también de ese día, estaba en la playa. Y aún en las vacaciones —alejada de la realidad—, la segunda fuga del Chapo era demasiado importante para ignorar. Guzmán Loera fue capturado por tercera vez el 8 de enero de 2016 en Los Mochis, Sinaloa.

Para la madrugada del 20 de enero de 2017, cuando Guzmán Loera llegó en un vuelo de Ciudad Juárez a Long Island para ser recluido en el Centro Metropolitano Correccional de Manhattan, El Chapo ya era globalmente conocido. En 2009, 2012 y 2013 había aparecido en listas de la revista estadounidense *Forbes*. Las primeras dos veces como billonario y la segunda como el sexagésimo séptimo hombre más poderoso del mundo.

En 2013, la Comisión Criminal de Chicago lo había nombrado enemigo público número uno, título que no le concedían a nadie desde que Al Capone lo ostentó en 1930. En octubre de 2015, la actriz mexicana Kate del Castillo y el actor estadounidense Sean Penn viajaron a la sierra del triángulo dorado a entrevistarlo, hablar sobre una propuesta de película y consiguieron una entrevista en cámara para la revista *Rolling Stone*.

Las actividades del Chapo y la institucionalización del narcotráfico se estudiaban en las carreras de ciencia política en las universidades del país. Mi tesis de licenciatura, por ejemplo, fue el resultado de una larga investigación sobre él, sobre el Cártel de Sinaloa y otros grupos criminales en México, con relación a la violencia contra periodistas.

En 2017 existían listas de los 10 o 15 mejores corridos sobre El Chapo Guzmán, incluyendo "El regreso del Chapo" de Los Tucanes de Tijuana, "El escape del Chapo" de Valentín Elizalde, "El corrido del Chapo Guzmán" de El Tigrillo Palma y "Homenaje al Chapo Guzmán" de Diego Rivas, entre otros.[2] Ese mismo año se estrenó una serie sobre el narco co-producida por Netflix y Univisión. Con un promedio de un millón de televidentes para la primera temporada y más de tres para la segunda: un éxito rotundo.[3]

Para 2017, quizá la mayoría de los mexicanos ya identificábamos a Joaquín El Chapo Guzmán y, en mayor o menor medida, teníamos información sobre su vida, sus actividades en el narcotráfico, o al menos de su reputación, su personalidad pública o su leyenda. Desde el inicio de las extradiciones de narcos mexicanos a Estados Unidos en 2001, la gran mayoría se había declarado culpable, con esto decidían colaborar con las autoridades a cambio de una recomendación que podía ser tomada en cuenta para la reducción de sus sentencias. Pero ninguno de ellos había sido del nivel de importancia o del grado de notoriedad de Guzmán Loera.

Tal vez por eso fue tan sorprendente cuando se supo que El Chapo se había declarado no culpable y quería ir a juicio. Después de aprobada su extradición, su caso, extrañamente, fue atraído por la corte federal de Nueva York, en Brooklyn, en lugar de la corte de Texas o la de California, como se esperaba. A Guzmán Loera se le asignó un equipo de abogados de oficio. Michelle Gelernt y Michael Schneider lo defendieron durante los primeros 10 meses de su extradición, hasta octubre de 2017, cuando Guzmán Loera contrató al ecuatoriano americano Eduardo Balarezo, conocido por representar a narcos latinoamericanos. En noviembre, William B. Purpura, se sumó a la defensa y en septiembre, Jeffrey Lichtman le siguió, completando el equipo de abogados.

A partir de la cantidad de material —cientos de miles páginas— que la fiscalía presentó a cuentagotas, Guzmán Loera pidió retrasar la fecha de inicio de su juicio, originalmente planeada para abril de 2018, cinco veces. Cuatro de ellas con éxito.

Así fue como la historia de Guzmán Loera, ese niño sinaloense que creció en la montaña rodeado de campos de mariguana y amapola, y que había llegado a ser uno de los narcotraficantes más conocidos del mundo, terminaría en la sala 8D de la corte federal del Distrito Este de Nueva York, en Brooklyn, enfrentando acusaciones por 10 delitos que incluían: ser el líder de una empresa criminal continua; ordenar asesinatos; traficar toneladas de heroína, mariguana, metanfetaminas y cocaína a Estados Unidos; hacer uso de armas ilegales y lavar dinero procedente de sus actividades criminales. La pena menor que podía recibir era 10 años, la mayor: cadena perpetua. Originalmente estaba acusado de 17 delitos, lista que se depuró hasta quedar en los 10 por los que se le enjuició. Las penas que recibiría se suman por cada delito que enfrentaba. Los delitos 9 y 10 pueden tener penas menores.

En 2018, después de que México padeció en 2017 el año con mayor número de homicidios en su historia,[4] Andrés Manuel López Obrador ganó las elecciones para presidente de los Estados Unidos Mexicanos con márgenes abrumadores. Su principal promesa: combatir la corrupción. Conforme se acercaba la fecha del inicio del juicio, miles de mexicanos nos preguntábamos, ¿por qué Joaquín El Chapo Guzmán había elegido ir a juicio? Ningún narcotraficante se había declarado no culpable llevando su caso a juicio, al menos no desde Juan García Ábrego, líder del Cártel del Golfo, quien recibió 11 cadenas perpetuas en la corte de Brownsville, Texas, en 1997. También nos preguntábamos, ¿a quiénes hundiría con él?

No es ningún secreto que yo no era la periodista más experta en el submundo del narco, pero había estudiado el fenómeno de violencia y narcotráfico desde la ciencia política, conocía la historia política de México, fechas, nombres relevantes. Mi ascendencia sinaloense me permitía entender, a diferencia de muchos en esa corte, lo que era un plebe bichi, dónde estaba Topolobampo y cómo escribir Guamuchil y Guasave. El acento culichi no me espantaba. También había cubierto otras audiencias en cortes gringas, estatales y federales.

Cubrir el juicio del siglo para *Ríodoce* fue una combinación de factores incalculables que representaron algo parecido a una tormenta perfecta: tenía suficiente entendimiento de la idiosincrasia estadounidense para percibir lo que pasaba con el jurado, la prensa y los abogados, y suficiente conocimiento de la historia política mexicana para comprender el contexto de los sucesos mencionados. Y, sobre todo, tuve la fortuna y el privilegio de cubrirlo para una audiencia que, a pesar de estar cientos de kilómetros al suroeste de esa corte, tenía un interés constante en el juicio, un conocimiento profundo de los hechos y un nivel de participación con la cobertura que hicieron de esos tres meses una especie de conversación a larga distancia de Brooklyn a Sinaloa.

La semana previa al proceso, cuando ya sabía que lo cubriría, no dejaba de imaginar cómo sería estar ahí adentro. Imaginarlo no sirvió de nada porque la realidad (como lo sabe cualquier periodista), supera siempre a la ficción. Durante los siguientes tres meses: 11 semanas y 39 días de audiencias, más las dos semanas de deliberaciones, el juicio se volvió mi vida.

De los testigos colaboradores de la fiscalía, todos se declararon culpables o recibieron una sentencia, con la excepción de uno, quien empezó a colaborar con el FBI cuando lo encontraron delinquiendo y así evitó la imputación de delitos en su contra. Los 14 testigos colaboradores confesaron en el estrado haber cometido crímenes relacionados con el tráfico de drogas.

En estas páginas intento llevar al lector a ese universo, a esas horas de espera, de ayuno, a las desveladas y los testimonios, al compañerismo y la sorpresa. En estas páginas narro los detalles de las entrañas del narco que conocimos, en vivo y de la boca de criminales confesos que allí traicionaron a Guzmán Loera, tan solo un puñado de reporteros al interior de la corte federal de Nueva York, en Brooklyn.

LLEGAR A LA SALA 8D

El juicio empezó un martes 13.

Pudo ser el martes 6 o el martes 20, pero empezó el martes 13 de noviembre. Tal vez por eso su inicio fue tan atropellado.

Una semana antes, los abogados de la defensa, el equipo de la fiscalía, el acusado y el juez Brian M. Cogan, se reunieron en la corte del Distrito Este de Nueva York para elegir a las 12 personas que conformarían el jurado: 12 individuos comunes y corrientes, elegidos –específicamente— para hacer uso de su sentido común, para escuchar la evidencia presentada y determinar el destino de uno de los narcotraficantes más célebres del mundo.

Meses antes, se enviaron mil cuestionarios de 120 preguntas a habitantes de Queens, Brooklyn, Staten Island, Suffolk y Nassau, aleatoriamente. Del total, 920 lo respondieron. Entre el 5 y 7 de noviembre, 100 de esas personas asistieron a la corte para participar en un interrogatorio cuyo fin era garantizar su objetividad.

Después de esos tres días, el jurado quedó así: una mujer que hablaba español lloró cuando la seleccionaron, pero permaneció en el grupo. Un hombre del sur de Asia, que había vivido en Nueva York durante 32 años. Su hijo era policía. El tercero fue un hombre afroamericano, empleado jubilado de un correccional; era diabético. La cuarta persona, una mujer, había oído del Chapo antes, por una serie de Netflix que le aburrió. La quinta, mujer afroamericana, era hija de un miembro del ejército. El sexto, un joven afroamericano que vivía con su primo, un policía. El séptimo, un hombre joven que hablaba español; una mujer afroamericana que hablaba español; una mujer polaca; otra mujer; una mujer etíope y un hombre mayor afroamericano.

Al final, entre los 12 miembros del jurado y los seis suplentes, quedaron 11 mujeres y siete hombres, de los cuales cuatro hablaban español y 11 eran negros. En un juicio como éste, la composición del jurado que decidiría el futuro del Chapo era clave. Durante los meses del juicio tendrían protección de alguaciles federales que los transportaban de sus domicilios a la corte. Sus identidades eran secretas.

Entre los que no quedaron en el jurado fueron un hombre colombiano que se acercó a uno de los alguaciles federales para pedir un autógrafo del acusado, otro hombre que desayunaba todos los días un sándwich llamado "El Chapo", en honor al narco, que vendían en un deli cerca de su casa, y una mujer que se soltó a llorar, aterrorizada, ya que había visto películas donde los acusados mandaban a matar a los miembros del jurado. De todo esto me enteré a través de otros periodistas.

Una de las tantas medidas de seguridad del juicio fue no permitir acceso al público para ese proceso. Solamente cinco reporteros pudieron entrar. Fue durante esos días de selección del jurado cuando entré al universo paralelo que sería cubrir lo que muchos llamaron El juicio del siglo. Estaba afuera, en la banqueta de Cadman Plaza East, viendo a los reporteros y reporteras que narraban los sucesos frente a sus cámaras. Acababa de hablar con mi editor y acordamos que haría la cobertura del juicio. Laura Sepúlveda, la reportera de la Voz de las Américas, estaba ahí al lado de Marisa Céspedes, corresponsal de Televisa y de Nayeli Chávez-Geller, del equipo local de Univision, con otros reporteros de TV Azteca y Reuters. Esas periodistas narrando la selección del jurado con voces excitadas bajo la lluvia y frente a los reflectores, se convertirían en mis compañeras de batallas durante los meses por venir. Pero en ese momento yo aún no lo sabía. Primero tenía que conseguir acceso al juicio. ¿Por dónde empezar?

En la banqueta, cada grupo de reporteros con camarógrafos estaba absorto en su labor. Los pocos transeúntes y ciclistas que pasaban enfrente del edificio enorme con fachada de cristales parecían confundidos por la atención mediática. Había un solo hombre que no era policía ni prensa. Un hombre alto, que como yo, no tenía paraguas y soportaba la constante caída de lluvia ligera en su cabellera blanca. Era un veterano del ejército. Estaba ahí para ver pagar a Guzmán Loera. Mientras el resto de los estadounidenses se preparaban para las elecciones intermedias del día siguiente, el veterano esperaba afuera de la corte a ver si algo sucedía. Sin saber qué iba a pasar, o si algo pasaría, los dos esperábamos. Observábamos.

El 6 de noviembre de 2018 se renovó toda la Cámara de Representantes y un tercio del Senado de Estados Unidos en una elección particularmente partidista, después de la victoria de Trump en 2016 y en camino a las elecciones presidenciales de 2020.

Entrar a presenciar el juicio no era difícil, según me enteré preguntando entre la gente afuera del edificio. Lo complicado era entrar como reportero y llevar aparatos electrónicos al interior del edificio, donde —por seguridad— estaba prohibido. Me enteré de algunos detalles más y conseguí un número telefónico. Para entrar con computadoras y celulares se requería un permiso especial emitido por la oficina de prensa de la corte. Sin más que hacer ahí afuera, me fui. El veterano se había dado por vencido, sucumbiendo primero al fastidio de la lluvia suave pero incesante.

Hablé al número que me dieron y me contestó John Marzulli, el encargado de la oficina de prensa de la corte. John era muy amigable con los reporteros porque había sido periodista antes de trabajar en la corte. Escribió durante años para *The Daily News*, uno de los diarios más icónicos de Nueva York. De John recibí por correo electrónico un formulario que debía llenar con la información del caso (1:09-cr-00466-BMC-RLM-4), mi nombre y las fechas para las cuáles solicitaba acceso (todas). Ese formulario, con una carta de mi editor, eran todos los requisitos.

El proceso de verificación duró dos días. Finalmente, después de una espera que me pareció eterna, recibí una llamada: ¡Mi acreditación estaba lista! En la ventanilla donde la recogí, en el primer piso de la corte, en 252 Cadman Plaza East, conocí a Pat Milton. "Esto es algo extrañísimo", me dijo molesta la experimentada productora de CBS News. Ni siquiera cuando cubrió los juicios de terroristas de alto perfil le pidieron una acreditación especial. Estaba fastidiada, no tenía sentido el grado de seguridad para la cobertura del juicio, dijo. Y la acreditación de prensa no fue lo único inusual para los reporteros durante el caso de Guzmán Loera.

Había información escasa y mucha confusión en torno al primer día del juicio. La oficina de prensa de la corte había hecho público que abrirían las puertas del edificio a las 7:00 de la mañana. De lo que no me enteraba por los correos de John, lo averiguaba preguntando a los demás reporteros. Muchos tuiteaban sobre la incertidumbre, ¿alguien sabía algo más? ¿A qué hora recomendaban llegar? ¿Sabían cuántos podríamos entrar?

Después de pasar por las primeras puertas, los reporteros tendríamos que subir al sexto piso, ala norte, a dejar nuestros aparatos electrónicos en un cuarto de la corte acondicionado —sólo para este juicio— como sala de prensa. Del sexto piso había que atravesar hasta el ala sur, subir por los elevadores y llegar al octavo piso, donde se formaría una segunda fila detrás de un detector de metales. A las 8:30 pasaríamos el último filtro de seguridad para entrar a la sala 8D, donde había 3 filas de cada lado: una de ellas reservada para el gobierno y una para la defensa. En las cuatro filas restantes, donde cabían alrededor de 40 personas, podrían sentarse los primeros en llegar. Si alguien se movía de su lugar para ir al baño, salir a tomar agua o comer, o para mandar una nota desde el sexto piso, perdería su lugar por el resto del día.

Esa noche repasé el documento sumario de sus acusaciones: Estados Unidos de América vs. Joaquín Archivaldo Guzmán Loera, alias "El Chapo", alias "El Rápido", "El Señor", "Nana", "Apa", "El Viejo". No dejaba de sorprenderme que en documentos oficiales de la corte federal de Nueva York quedaran inmortalizados apodos así.

Eran las 11 de la noche. Para llegar a Brooklyn, desde donde yo vivía en Harlem, se hacían 45 minutos en tren. Le escribí a una amiga que también iba a cubrir el juicio. ¿Dónde nos vemos mañana, en la estación de tren, afuera de la corte? Quedamos de vernos en el lugar del juicio. Mejor sacrificar sueño y aumentar las posibilidades de entrar. Decidimos llegar entre las 4:00 y 5:00 de la mañana para formarnos afuera del edificio. Con poca información y la adrenalina a tope, intenté dormir. No pude.

Cuando sonó mi alarma a las 3:30 de la mañana no había dormido prácticamente nada. Con mi gafete de prensa salí a la ciudad de noche. Caminé hasta el metro en silencio —algo que nunca había experimentado en Nueva York— y decidí que Manhattan es más bonito de madrugada, antes de despertar, donde no existe aún el bullicio ensordecedor. Entré al vagón del metro, me senté y sin oír música —para no gastar pila de mi celular— ni leer un libro —porque estaba demasiado nerviosa— observé. Estaba en una de las ciudades más diversas del mundo, pero a esas horas sólo rodeada exclusivamente de hombres, de mediana edad, latinos y negros. Ninguna persona blanca viajó con nosotros ese día a esa hora o ningún otro día durante ese horario. No eran horarios de oficina.

A las 5:20 de la mañana llegué a la puerta del edificio diseñado por el afamado argentino César Pelli. No era la primera. Los cristales de la fachada de la corte se veían menos espectaculares sin luces reflejándose en su superficie. Me formé detrás de los pocos que habían llegado antes de mí.

Jane Rosenberg, una de las dibujantes, había llegado pasadas las 3:00 de la madrugada. Delgadita, con el pelo chino hasta los hombros y bajo un poncho rosa, esperaba con todo su material para dibujar. Le seguía Margarita Rabin, productora de Univisión —del equipo de investigaciones de Miami—, Marisa Céspedes, Keegan Hamilton, reportero de *Vice*. Esperamos afuera, en la oscuridad, viéndonos, presentándonos, midiéndonos bajo la falta de luz y con los nervios exaltados. Llovía otra vez. Llegó Diana Baptista, del *Reforma*, seguida de dos mujeres extravagantes. Una anciana pequeñísima con el pelo blanco hasta la espalda y otra más joven, alta, con el pelo rubio del mismo largo. Madre e hija: Andrea y Shirley Shepard, las dibujantes de la corte que trabajaban ahí antes de que se volviera una profesión abierta a los artistas freelance. Las Shepard, conocidas hasta por el juez por nombre y apellido, lidiaban mal con la competencia. ¿Quién era Jane? Querían saber, y por qué iba a entrar antes que ellas. Conforme la fila creció, empezamos a tomar nota de quién había llegado primero.

En una hoja tamaño media carta de un bloc de hojas amarillas, empezamos una lista. Junto al número, que correspondía al del orden de llegada, venía el nombre y el medio de cada reportero, así como su hora de llegada. Esa sencilla enumeración de los reporteros pronto dio orden al caos e institucionalizó el mérito a madrugar. En los meses por venir la gente que llegaba al juicio por primera vez preguntaba por "una lista" para anotarse. Ese primer día, y los siguientes 43, la lista nos salvó.

A las 7:00 de la mañana se abrieron las primeras puertas de cristal. Adentro, el vestíbulo estaba vacío salvo por los guardias de seguridad. El diseño del edificio, con balcones escalonados en semicírculo hasta el techo, le daba una sensación de solemnidad a la fila de reporteros aquella madrugada de martes 13.

Uno por uno, como quien pasa por el filtro de seguridad de un aeropuerto, fuimos entrando a la corte federal de Nueva York, en Brooklyn. En el octavo piso, la fila iniciaba a un lado de los baños, pasaba por unos botes de basura, se alargaba hasta pegar con una ventana y regresaba hasta llegar a los elevadores. Durante la siguiente hora y media, me tocó esperar junto a la basura. Asqueada, una autora estadounidense se quejaba del trato indigno. Antes no eran así las cosas, se decía.

Habíamos pasado la primera prueba: resistencia y organización. Ahora venía la siguiente. Dieron las 8:30 y empezamos a desfilar por un segundo detector de metales. Adentro de la sala no podíamos entrar con celular, grabadoras, cámaras, ni computadoras, nada que no fuera pluma y papel. Meter aparatos electrónicos a la sala era un delito. Junto al detector de metales nos veía Knight —caballero, en inglés—, el labrador negro del escuadrón antibombas. Algunos lo saludamos al pasar. Knight estaba con dos jóvenes rubios con corte militar y pantalones de cargo verdes.

Un hombre de aproximadamente 40 años con barba larga, perfectamente acicalada, ojos azules penetrantes, una mirada hosca bajo las cejas fruncidas y una colección de tatuajes que se alcanzaban a asomar bajo su traje de tres piezas, coordinaba todo el desplegado de seguridad. Se llamaba Adam y era un alguacil federal especializado en procesos que involucraban crimen organizado. Si no fuera alguacil, en otra vida, Adam hubiera sido vikingo. Había venido de California sólo para el juicio del Chapo.

Entré, por fin, a la sala 8D. Busqué a las reporteras con las que había estado hablando en la fila. Estaban sentadas atrás de la banca apartada para la defensa. Me senté con ellas. Como pudimos, nos acomodamos. Cada que se abría la puerta y entraba un reportero más, nos apachurrábamos para que cupiera otro.

En la primera banca de la izquierda, la del gobierno, reconocí una de las caras relevantes: el fiscal Arthur G. Wyatt, jefe de la División de Narcóticos y Drogas Peligrosas del Departamento de Justicia. Mexicano de nacimiento, Wyatt ayudó a construir el caso en contra de Guzmán Loera. Sentado en su lugar de la banca, a la izquierda, sonreía con su barba de candado a sus colegas y algunos periodistas conocidos. Junto a él estaba el fiscal del Distrito Este de Nueva York, Richard P. Donoghue. Un hombre serio, con cara de pocos amigos, el pelo blanco y ojos azules. Otra de las caras conocidas, era la del agente del Departamento de Seguridad Interior que salía al lado derecho del Chapo en las fotos de su extradición. En la corte, el agente traía lentes y usaba traje, no como en la foto donde vestía una chamarra azul con las siglas HSI y pantalones de mezclilla. Estaría ahí todo el juicio.

Del lado opuesto de la sala estaba Jeffrey Lichtman, abogado de la defensa, que caminaba de un lado a otro. Uno a uno, los personajes clave del juicio se materializaban frente a mí, pasando de nombres y fotos a personas de carne y hueso, y —en el caso de Lichtman—, con sudor en la cara. Tenía un fólder con hojas entre las manos. Parecía nervioso practicando sus alegatos iniciales. Un par de trabajadores del gobierno entraron empujando carritos como los del súper, rebosantes con carpetas y documentos: 30 años de evidencia de la fiscalía para el caso contra Guzmán Loera.

"Mira", oí que dijo alguien junto a mí, mientras me daban un codazo. Las miradas de los reporteros se enfocaron en la puerta. Iba entrando a la sala Emma Coronel Aispuro, la esposa del acusado. Caminó hasta sentarse delante de nosotros, en la segunda fila de la derecha. Llevaba un traje de terciopelo negro con terminados satinados, tenía botones de las muñecas al antebrazo. Se sentó a esperar la llegada de su esposo. Su pelo recogido en una coleta alta, impecable, caía lacio y negro hasta su cintura. Entre sus manos y sobre las piernas cruzadas, sostenía una bolsa de mano Luis Vouitton café. Algunos reporteros que la conocían empezaron a saludarla. "¿Y tus hijas, Emma?" "En México, gracias por preguntar." A su derecha estaba Michelle Gelernt, la abogada de oficio a la que le asignaron el caso de Guzmán Loera después de su extradición en enero de 2017. Gelernt estaba ahí por solidaridad, según nos dijo. También la acompañaba una amiga suya, Cherish Dawn, una agente de bienes raíces. Del otro lado de Coronel Aispuro estaba Mariel Colon Miro, abogada bilingüe y poco amigable, parte del equipo élite de la defensa. Retrátennos delgadas, le decía una mujer con sobrepeso a las dibujantes, entre risas.

Para las 9:30 de la mañana yo sentía que había conocido a los demás reporteros durante años. Estaba asombrada, platicando con Marisa, la corresponsal de Televisa, sobre su vida, la mía, de consejos profesionales, sobre la desvelada, del hambre que teníamos, especulábamos quiénes serían los primeros testigos cuando —en medio del bullicio— entró. De forma silenciosa y casi imperceptible, El Chapo entró. Guardamos silencio. Tenía un traje azul, una camisa blanca y una corbata mal ajustada color azul con gris. "¿Es azul la corbata?" Se oía en las bancas. "Sí, azul con gris." Comentar la vestimenta de Guzmán Loera y su esposa se convertiría en un ritual diario para los reporteros que cubrimos el juicio, casi como tomar el café para despertar o darnos los buenos días. Una puerta de madera se había abierto detrás de la mesa de la defensa y el equipo de alguaciles federales lo escoltó hacia adelante. Se veía pálido, desorientado. "Pobre", me dijo Víctor, corresponsal de *El Universal*, uno de los reporteros que había seguido todo el proceso más de cerca, "lo han tratado terrible".

Y sí, El Chapo se veía mal. Miraba a su alrededor absorbiendo las caras de todos quienes lo veíamos incrédulos. ¿Hace cuánto no veía la luz del sol? Comentábamos, haciendo alusión a la pequeña ventana pegada al techo por donde entraban apenas algunos rayos. En su encierro dentro del Centro Correccional Metropolitano, el acusado pasaba 23 horas al día en una celda con luz artificial, sin ventanas. El Chapo estaba ahí, enfrente de mí y se veía, a falta de una mejor palabra, vulnerable. Era bajito y tenía el pelo negro, negrísimo, peinado con una raya de lado que empezaba con un pequeño remolino en la parte de atrás de su cabeza. Escuchaba mal, dijeron sus abogados, porque tenía una infección en el oído. Requería de una intérprete que le tradujera en tiempo real y sin audífonos.

Parado junto a la mesa de la defensa, frente al equipo de alguaciles federales y rodeado de sus abogados privados, Guzmán Loera buscaba a alguien. La sala estaba atiborrada, las seis filas llenas, el ambiente electrizado de espera. Con sus ojos negros, pequeños e inquietos, como dos canicas, el acusado permaneció parado, del otro lado de la división de madera que separaba las bancas del interior de la sala; revisó las filas del público en búsqueda de su esposa duranguense, hasta que la encontró. Ahí estaba, viéndolo desde su asiento, la reina de belleza 2006 del concurso Miss Café y la Guayaba.

Divididos por media sala y mientras todos los veíamos, expectantes, Guzmán Loera levantó la mano derecha en un saludo. Su esposa se lo respondió. Batallando con su corbata, El Chapo volteó para saludar con un apretón de mano, asintiendo con la cabeza, a cada uno de los miembros de su equipo legal y se sentó en su lugar de la mesa.

"Tenemos dos problemas con el jurado", dijo el juez Cogan cuando nos sentamos todos. Esa mañana, la mujer que había llorado al quedar seleccionada, le había escrito una carta de su puño y letra al juez. En ella detallaba la serie de problemas de salud que había desarrollado a partir de la ansiedad que le causaba participar en el juicio. Los abogados de la defensa deliberaron. No les parecían razones suficientes para excusarla. La fiscalía estuvo en desacuerdo.

El segundo problema era el hombre asiático. Su fuente de ingresos dependía de una compañía que él administraba personalmente. Si dejaba su negocio durante los cuatro meses del juicio, a pesar de los 40 dólares diarios que reciben los miembros del jurado por su servicio, probablemente la perdería. Ambos equipos legales coincidieron en que el hombre no había mencionado esta atenuante antes, restándole credibilidad.

De cualquier manera, tanto la fiscalía, como la defensa, el acusado y el juez saldrían de la sala para seleccionar dos personas más que reemplazarían a esos miembros del jurado. ¿Cuánto podría tardar? La cuenta regresiva empezó a las 10:30 de la mañana, y con ella, el encierro. No comer era la parte fácil. No beber agua y no ir al baño se convirtieron rápidamente en situaciones infrahumanas. Estábamos secuestrados en la sala 8D.

De no ser por Victoria Bekiempis, la reportera de *The Daily Beast*, a quien apodé nuestra lideresa sindical, nos hubiéramos vuelto locos. La joven de pelo teñido de blanco no paró hasta que los guardias de la corte nos concedieron el derecho de salir al baño y tomar agua del bebedero del piso, uno a la vez. Como en la escuela primaria, esperé mi turno formada detrás de la puerta de madera para salir al baño, restándole toda solemnidad a esa sala elegante de la corte federal.

La plática superficial se nos había agotado. Para las 15:00 horas ya no sabía si reír o llorar. Estaba mareada, me dolía la cabeza, no quería platicar con nadie. ¿Me iba a desmayar? Si no regresaban al menos una hora antes de las 16:30 horas —cuando terminaba la sesión— no íbamos a escuchar los alegatos iniciales de la defensa ni de la fiscalía. Si no regresaban pronto, ni la desmañanada, ni la fila bajo la lluvia, ni la angustia, ni la lista habrían servido de nada. Mi estómago vacío exigía comida con ruidos inocultables.

Mientras unos despotricaban, otros dormitaban y unos más caminaban en el lugar estrecho; Coronel Aispuro mantenía la calma. Bajo el constante escrutinio de los medios, la joven esposa del acusado no se podía dar el lujo de perder la compostura. Había salido a comer su almuerzo y regresó tranquila a sentarse en medio del caos. Horas antes se había quejado de la corbata que usaba su esposo porque no se veía guapo, palabras que alentaban la fascinación de los reporteros que la alcanzamos a escuchar. Desde entonces esperaba susurrando al oído de Colon Miro o en silencio con la mirada fija hacia delante. En sus manos tenía una bolsa de papas. "Emma —le dijo una de las reporteras junto a mí—, ¿nos regalas tus papas?" "¡¿Qué hace?!" Pensé. Decenas de argumentos de ética periodística pasaron por mi cabeza, después sentí pánico de que nos viera un guardia de seguridad y nos sacara de la sala después de todo ese esfuerzo. Coronel Aispuro le pasó las papas. Yo me volteé al otro lado. "No, gracias", les dije. Las papas pasaban de un lado a otro, los reporteros saciaban su hambre de forma mínima. Aguanté todo lo que pude, hasta que sucumbí. Comí una de las papas contrabandeadas, que en el delirio del encierro empezaron a llamar *narcopapitas*.

Pasadas las 15:00 horas, los abogados, Guzmán Loera y el juez Cogan regresaron. Los alegatos iniciales empezaron de inmediato. Pero antes, y para cerciorarse de que el jurado no tuviera más problemas, el juez juramentó a los 18 seleccionados. Les recordó escuchar la evidencia, no comentar el juicio entre ellos ni con nadie fuera de la corte, no buscar información sobre el acusado fuera de esa sala y hacer uso de su sentido común.

El fiscal Adam Seth Fels, de casi dos metros de alto, con el cabello gris jaspeado y un traje azul oscuro se paró frente al podio. Graduado de la escuela de derecho de la Universidad de Chicago, había viajado de Miami para argumentar el caso presentado contra el acusado. Él sería parte fundamental del equipo de la fiscalía durante el resto del juicio. "Este caso es sobre drogas", inició. Con las manos en la madera del podio y la mirada sobre los miembros del jurado, continuó: "Este caso es sobre dinero. Este caso es sobre violencia. Este caso es sobre fugas de prisión", añadió mientras dejaba que las palabras ocuparan el espacio. Anotábamos frenéticamente. "Este caso es sobre un vasto imperio global de tráfico de droga", terminó contundente, desde su misma posición firme y rígida frente al jurado, de espaldas a las mesas de la fiscalía y de la defensa, donde Guzmán Loera escuchaba atento a la intérprete, sentada a su izquierda, traduciéndole en tiempo real.

Para ganar, y mandar a Guzmán Loera a la cárcel al menos 10 años o de por vida, el gobierno estadounidense tenía que convencer al jurado de que el acusado había sido el líder de una empresa criminal continua, un astuto traficante que ascendió de los escalafones más bajos del narcotráfico en el triángulo dorado hasta la cúpula del poder de una organización criminal trasnacional.

En los alegatos iniciales de los juicios en Estados Unidos, los abogados describen el caso, presentan su argumento y explican la evidencia que usarán para sustentarlo. "Audio. Video. Mensajes. Documentos de incautaciones de drogas. Testigos que participaron en actividades de narcotráfico y testigos que eran agentes policíacos", enlistó Fels para el jurado. ¿Su evidencia principal? El testimonio de otros 14 narcotraficantes, a los que les ofrecieron una recomendación que el juez en cuestión podía tomar en cuenta para la reducción de sus sentencias a cambio de testificar contra Guzmán Loera.

El fiscal narró la supuesta carrera criminal del acusado: en los años setenta del siglo pasado, hizo más eficiente el cruce de mariguana con sus túneles, hasta "inundar las calles de Brooklyn, Nueva York, y el resto de los Estados Unidos" con drogas. En los ochentas, incursionó con cocaína, asociándose con colombianos. En los noventas duplicó el valor de la cocaína y mandó a sus familiares directamente a Sudamérica para ahorrarse intermediarios. "Túneles. Aviones. Barcos", añadió Fels.

También, argumentó el fiscal, el acusado inició guerras sangrientas, corrompió al ejército y a policías mexicanas, invirtió en equipos sofisticados de comunicación y dirigió un ejército personal con cientos de hombres armados con cuernos de chivo chapeadas en oro, granadas y explosivos.

Los miembros del jurado escuchaban atentos. "Estamos seguros de que van a llegar a una, y sólo una conclusión", terminó el fiscal de Florida, dando media vuelta para regresar a su asiento en la mesa de la defensa, donde el resto de su equipo lo esperabas rodeado de carpetas con miles de hojas. "...Que el acusado es culpable de todos los cargos."

El equipo de fiscales estadounidenses que llevaban el caso estaba compuesto principalmente por Adam Seth Fels, Andrea Goldbarg, Gina Marie Parlovecchio, Michael Patrick Robotti, Anthony Nardozzi y Amanda Liskamm. El caso del gobierno de los Estados Unidos contra El Chapo Guzmán se basaba en evidencia recopilada a lo largo de 30 años de investigaciones y el testimonio de testigos colaboradores: otros criminales que habían accedido a declarar a cambio de una recomendación que podía considerarse para la reducción de sus sentencias.

Mientras Fels presentaba su caso, El Chapo volteó alrededor, tal vez intentado medir las reacciones de la sala durante esa presentación, ese resumen de su vida, por parte de la fiscalía, quizá buscando la mirada de su esposa, sentada frente a mí. Lo cierto es que, con sus ojos negros pequeños y la cara apacible, completamente inexpresiva, volteó en mi dirección. "¿Me está viendo?" pensé, al momento que otra reportera decía: "Sentí que me vio el diablo." ¿Todos sentíamos que nos veía? Más que miedo, empatía, intimidación o cualquier otra cosa, yo estaba cautivada. Culpable o no, Guzmán Loera era una persona histórica. La historia se encargaría de juzgarlo y yo quería presenciarlo. "¿Cómo? ¿Lo ves ahí, en la sala, en persona?" me preguntaban amigos durante los meses por venir. "Sí, ahí", les decía levantando la mano para mostrar qué tan cerca se sentaba de mí, "a escasos metros".

En la sala 8D estaba El Chapo Guzmán, el jefe de jefes, capo de capos, enemigo público número uno. Ahí estaba el capo al que otros 14 acusados de narcotráfico traicionarían para mandarlo a la cárcel y para que los gringos pudieran usarlo como ejemplo. Mientras tanto, afuera de esa corte —y para entonces El Chapo ya llevaba casi dos años en Estados Unidos— la gente en Nueva York seguía haciendo líneas de coca en el bar a dos cuadras de la Universidad de Columbia y en las fiestas dentro de departamentos. En los festivales de música y conciertos, todos seguían consumiendo "molly": éxtasis, y metanfetaminas. En prácticamente cada esquina de Manhattan había alguien fumando mariguana. La realidad era que la maquinaria trasnacional de tráfico de droga parecía seguir tan aceitada sin Guzmán Loera como con él. Pero alguien tenía que pagar. Había que mandar al Chapo a la cárcel, aunque otros 14 involucrados pudieran salir libres. ¿Eso era justicia?

La inquieta mirada de Guzmán Loera me abandonó tan rápido como me había encontrado. Cuando me di cuenta ya estaba volteando hacia otro lado mientras yo volvía a poner pluma sobre papel, escribiendo notas prácticamente ilegibles. Los bolígrafos corrían en papeles reposados sobre las piernas de reporteros de Venezuela, Colombia, Puerto Rico, República Dominicana, Argentina, México, California, España vía Washington D.C., y Panamá vía Miami. Era el turno de la defensa.

Lichtman, a diferencia del fiscal, dejó el podio atrás y, con un micrófono pequeño inalámbrico, caminó de izquierda a derecha. Su estilo no era el de un empleado del gobierno. Al contrario, el abogado del despacho privado alzaba la voz, caminaba, criticaba a los funcionarios. Años antes, en 2004, Jeffrey Lichtman defendió al hijo de un mafioso, John Gotti, Jr., consiguiendo la anulación del juicio porque el jurado nunca pudo ponerse de acuerdo en el veredicto. Éste es el escenario al que aspiraba la defensa de Guzmán Loera. Siete de los 10 delitos que se le imputaban al Chapo —de 62 años, con una esposa de 29 y gemelas de siete— tenían como pena mínima 10 años en la cárcel. Para el primer delito, la pena era cadena perpetua inmediata.

El abogado del Chapo caminó a lo ancho de la sala, vestía un impecable traje gris, medía no más de 1.75 metros de alto y tenía el pelo rizo. Hizo exactamente lo opuesto a Fels. Explicó que el Chapo tenía educación de segundo de primaria, que creció en los caminos de tierra de La Tuna, vendiendo naranjas, queso y pan horneado por su madre. La estrategia de la defensa era convencer al jurado de que Guzmán Loera era, en realidad, insignificante. Para lograrlo, dijo que el verdadero líder del Cártel de Sinaloa era un hombre que nunca había ido a la cárcel y mantenía un perfil bajo: Ismael "El Mayo" Zambada García. Y que era El Mayo quien había sobornado, durante años, al gobierno mexicano para usar al Chapo como chivo expiatorio. No era una mala historia, pensé. Finalmente, el narcotráfico es mucho más grande y complejo que una sola persona. Después de un líder siempre hay otro. Aunque el hecho de que hubiera otros líderes, no exentaba al Chapo de ser el jefe de al menos cinco personas en una empresa criminal, como estipulaba el delito que se le imputaba.

"Sólo les pido un favor" dijo Lichtman al jurado. "Imaginen que el gobierno les está respirando en el cuello. Imaginen que ustedes están en el lugar del acusado, o que éste es un miembro de su familia", les dijo. La estrategia no sonaba tan descabellada, mucho menos frente a un jurado neoyorquino. Años antes, en 2014, las noticias de la muerte de Eric Garner habían sacudido a la ciudad. El hombre afroamericano había sido detenido en Staten Island por la policía de Nueva York, supuestamente por estar vendiendo cigarrillos ilegalmente. De no ser por un transeúnte que filmó los hechos, tal vez nadie hubiera sabido que el oficial había asfixiado a Garner con una llave innecesariamente violenta para mantenerlo tranquilo, hasta matarlo. Este asesinato sucedió dentro del movimiento social Black Lives Matter, en contra de la discriminación y el racismo que habían permitido el asesinato de varios jóvenes negros a manos de policías y que permanecían sin llegar a la justicia. No se presentaron cargos contra Daniel Pantaleo, el policía blanco que asfixió a Garner, incluso después de que se determinara que su muerte había sido un homicidio. Y aquí estaba este abogado diciéndole al jurado que, prácticamente, el gobierno quería arruinarle la vida a Guzmán Loera. Podría funcionar.

"Abran sus mentes a la posibilidad de que los mandos más altos del gobierno pueden ser corrompidos a tal grado que permiten que los capos de la droga operen, durante décadas, para echar a andar las economías de sus países pobres, pero, sobre todo, para rellenar sus propios bolsillos", dijo el abogado. El propio presidente de los Estados Unidos, Donald J. Trump, llevaba un año siendo investigado por el FBI, por presuntamente colaborar con Rusia para influir en la campaña presidencial de 2016. También era bien sabido que había trabajado con mafiosos, entre ellos Felix Sater, en sus proyectos de bienes raíces.[5] Un mes después del inicio del juicio, en diciembre de 2018, el gobierno de Nueva York encontró pruebas de malversación de fondos de la Fundación Trump para las elecciones que lo hicieron presidente.[6] El mensaje de Lichtman estaba pensado específicamente para un público que tenía cada vez más razones para dudar de sus gobernantes. Un público que, salvo los residentes de Suffolk, habían votado por Hillary Clinton de manera abrumadora en 2016.

Cuando se acercaba al final de sus alegatos, Lichtman, que iba soltando pistas de lo que cada testigo diría, añadió que una serie de criminales vendrían a testificar para hundir a su cliente. Los describió como despreciables y poco confiables, dijo que solamente querían quedarse a vivir "entre nosotros" en Estados Unidos. Habló de un criminal que había consumido tanta cocaína que se la había caído la nariz. Dijo que un par de hermanos colombianos venían de una familia de narcotraficantes donde su propia madre los había enseñado a delinquir. Adelantó que otro narco hablaría sobre los crímenes que se le imputaban aun después de 2016, cuando El Chapo ya estaba preso. "Incluso dirá que él ordenó matar a alguien en 2017" dijo el abogado. Había una lista de narcos presos en Estados Unidos que, especulábamos los periodistas, testificarían. Entre ellos estaban los hermanos Flores, de Chicago, Vicente, Vicentillo Zambada Niebla, hijo del Mayo y Dámaso López Núñez, El Licenciado, arrestado en 2017, días antes del asesinato de Javier Valdez Cárdenas, periodista mexicano originario de Sinaloa, fundador del semanario *Ríodoce* y corresponsal de *La Jornada*. López Núñez había admitido que los sicarios arrestados como autores materiales del asesinato del periodista eran gente de su grupo criminal. Cuando Lichtman dijo esas palabras pensé en Javier inmediatamente. Con esa presentación de los testigos de la fiscalía, el abogado invitaba a los miembros del jurado a desestimar todo lo que dijeran los testigos colaboradores. Tienen todos los incentivos para mentir, sentenció.

Poco antes de las 16:30 horas el abogado de la defensa soltó la bomba que todos habíamos estado esperando. Altos funcionarios de la política mexicana, incluyendo "al actual y anterior presidentes de México", dicho esto en noviembre de 2018, recibieron sobornos millonarios del Cártel de Sinaloa, dijo Lichtman. Ahí estaba. La portada del día siguiente. Felipe Calderón Hinojosa y Enrique Peña Nieto recibieron sobornos millonarios del narcotráfico, infirió Lichtman. Porque, por más astutos que sean los narcotraficantes, no hay manera de que operen sin ser solapados por las autoridades. Todos lo suponíamos. Sabíamos que Guzmán Loera había insistido en ir a juicio porque iba a arrastrar a otros con él. Sabíamos que, si había insistido en ir a juicio, era muy probable que decidiera destapar la cloaca de corrupción que le permitió operar durante décadas. Y aunque a los 12 miembros del jurado, habitantes de Nueva York, los presidentes de México podrían importarles poco, este juicio se estaba librando, desde hacía meses, en los medios de comunicación.

Incluso antes de iniciar, gran parte del juicio había sucedido ya para el disfrute de los medios. Tanto la fiscalía como la defensa habían usado el papel de los reporteros para dibujar su versión de Joaquín Archivaldo Guzmán Loera. El gobierno lo trasladó de la cárcel donde estuvo, el Centro Correccional Metropolitano en el sur de Manhattan, al juzgado en Brooklyn, escoltado por varias camionetas con sirenas, bajo la vigilancia de un helicóptero, por un puente cerrado para el público. La imagen de un criminal tan peligroso que requería tal despliegue de seguridad inundó los noticieros.

La defensa, por su parte, presentó una carta pública solicitándole al juez que, como medida humanitaria, se le permitiera al acusado —que había permanecido en una celda aislada y en condiciones sumamente arduas— saludar con un abrazo a su esposa al inicio del juicio. La solicitud fue denegada, pero en el inconsciente colectivo de todos los que llegaron a leer la nota o escuchar la noticia, la semilla de empatía ya se había sembrado.

En Estados Unidos la justicia depende del sentido común de 12 personas normales. Pero con la incesante permeabilidad del ciclo de noticias las 24 horas de los 7 días de la semana en noticieros televisivos, a través de redes sociales y en las portadas de diarios plasmadas en las esquinas de cada calle, la justicia en Estados Unidos depende también —y tal vez exclusivamente— de percepciones. A pesar de los mejores esfuerzos del juez Cogan, el juicio contra Guzmán Loera se iba a librar tanto adentro como afuera de la sala 8D, y todos lo sabíamos.

Guzmán Loera se paró antes de salir de la sala colocando sus manos cruzadas en la espalda. Vimos al juez salir y después le seguimos el resto en desbandada tras siete horas de encierro, 11 de no dormir y más de ayuno, para empezar a trabajar. "Gracias por las papitas, Emma", escuché que le dijo una reportera a la esposa del acusado al salir. Eran las cinco de la tarde y era hora de escribir la primera nota de muchas. Salí directo a comer e intentar digerir —al menos— todo lo que acaba de presenciar. En ese momento sólo me quedaba procesar, escribir y repasar obsesivamente los alegatos iniciales que serían una especie de mapa con pistas de lo que estaba por venir.

LAS MEMORIAS DEL REY

Para entender quién era El Chapo, primero teníamos que aprender qué era el Cártel de Sinaloa. Las primeras dos semanas del juicio sirvieron para sentar las bases de las operaciones del cártel, la historia del ascenso de Guzmán Loera en la organización criminal y una visión panorámica del narcotráfico en México desde finales de los ochenta del siglo XX a 2008, todo narrado por el testimonio de Jesús Reynaldo Zambada García, el hermano menor del Mayo. La evidencia de la vida criminal del Rey y todo lo que él le contó al gobierno de los Estados Unidos sobre los 21 años de operaciones del cártel, estaba compilada en una enorme carpeta de pastas negras. El abogado de la defensa, William Purpura llamaría a esa carpeta rebosante —en tono de burla— "el librito negro de la fiscalía". Ese libro negro fue la guía para navegar el juicio completo; era el indicio para entender cómo intentarían probar que Guzmán Loera era culpable de los 10 delitos que le imputaban.

Despertar a las 4:00 de la mañana. Llegar a la corte pasadas las cinco. Anotar mi hora de llegada en la lista de la hojita amarilla. Esperar en la calle a que dieran las 7:00. Entrar, esperar otra hora y media junto a los botes de basura. Todo esto se había convertido en una rutina. Fue Adam quien nos avisó que los alguaciles también llevarían una lista para respetar nuestro lugar adentro de la sala. "¿Hay alguien nuevo el día de hoy?" Preguntó. Un abogado que quería aprender del equipo de la defensa levantó la mano. El vikingo californiano se le acercó, le explicó la dinámica y nos guiñó un ojo antes de regresar a su puesto de vigilancia. A partir del segundo día pudimos entrar y salir de la sala 8D después de anotarnos en la segunda lista, la de los alguaciles.

Había una cafetería, el Bayway Café, en el tercer piso, donde vendían un café que —bien describía Víctor— era peor que el petróleo. Pero no había de otra, nos lo tomábamos. Un plátano o un pan frío y una tacita de petróleo se convirtieron en mi desayuno. En la caja de la cafetería cobraban dos empleadas. Cuando platicaba con ellas, me gustaba pensar que eran una postal del cambio demográfico en Estados Unidos. La mayor de ellas era blanca y monolingüe. La más joven, de tez morena, era latina y bilingüe. Ambas, mujeres. Junto a la caja había un barandal cubierto con guirnaldas de hojas otoñales porque se acercaba el Día de Acción de Gracias.

"Perdón por el retraso para empezar", dijo el juez Cogan a los miembros del jurado, después de abordar una moción de la fiscalía donde pedía se desestimaran todos los alegatos iniciales de Jeffrey Lichtman. "Un juicio no es como un show de Broadway", agregó el juez. Algunos miembros del jurado sonrieron.

El primer testigo en tomar el estrado fue el agente de aduanas jubilado, Carlos Salazar; habló sobre un túnel que El Chapo utilizaba para cruzar droga por la frontera que su equipo descubrió el 11 de mayo de 1990, entre Arizona y Sonora. Salazar era un hombre mayor, menudo, enjuto, de ojos pequeños, calvo y con barba de candado. Empezó a trabajar como agente de aduanas en 1987 y permaneció en su agencia, que se convirtió en la de Inmigración y Control de Aduanas (ICE, por sus siglas en inglés) tras la reforma del expresidente George W. Bush, en 2003, después del ataque a las torres gemelas.

Ese cambio institucional fue muy significativo, pues ICE fue creada para encontrar terroristas infiltrados en el país, para prevenir otro ataque como el del 11 de septiembre de 2001. Antes de crearse ICE, la agencia de naturalización y migración (INS, por sus siglas en inglés), la antecedía y estaba bajo el Departamento de Justicia, no bajo el Departamento de Seguridad Interior. El enfoque de INS había sido procesar visas y permisos de trabajo, y regular situaciones migratorias. Tenía una misión administrativa. No era una agencia del orden como llegó a ser ICE. Cuando Salazar encontró ese túnel en 1990, el mundo era muy diferente.

El agente y su equipo dieron con el túnel a través de la bodega, en Arizona, donde también encontraron 926 paquetes (o kilos) de cocaína con palabras clave como "SOSP", "Yamaha", "MR" escritas sobre las envolturas de plástico. Ese día de mayo de 1990, los agentes taladraron el piso hasta encontrar la entrada que los llevó al otro extremo del túnel, a una casa en Agua Prieta, Sonora. Ahí realizaron una redada pero no encontraron a nadie. Al parecer llegaron minutos tarde, según el agente, porque cuando entraron todavía había comida caliente sobre la mesa. Para ilustrar el mecanismo del túnel, que no era una excavación cualquiera, la fiscalía proyectó un video donde aparecían agentes estadounidenses demostrando su hallazgo hacía casi 30 años.

Al túnel, explicó Salazar señalando las pantallas de la sala, se entraba por medio de una compuerta secreta en el piso de la casa en Sonora; justo debajo de una mesa de billar, se levantaba con un mecanismo de pistones hidráulicos activable con un aspersor de riego en el jardín. Para Salazar, descubrir ese túnel fue probablemente uno de los momentos más significativos de su carrera. El Chapo veía la que presuntamente era su obra con los brazos cruzados, sin ninguna expresión. Ese túnel fue quizá de los primeros que el narco ordenó construir, y por lo que después se ganó el mote de El Rápido, ya que permitía llevar cocaína por la frontera a velocidades sin precedentes. La fiscalía presumía su evidencia, el primer video de muchos que eran parte de una investigación de décadas. Yo no dejaba de pensar cómo un túnel —un camino subterráneo que conectaba punto A con punto B—, por sofisticado que fuera, podía simbolizar tanto para numerosas personas tan diferentes.

Después empezó el contrainterrogatorio de William Purpura. Rápidamente dejó claro que había algunos problemas con las fechas entre el descubrimiento del túnel y los reportes realizados por la agencia gubernamental. A Purpura también le pareció poco creíble que el agente no se hubiera dado cuenta de que un túnel de esas magnitudes se había construido a escasas cuadras de su oficina durante más de 10 meses. Poco a poco, los abogados de Guzmán Loera iban plantando las semillas de la duda.

La mayoría de los reporteros en la sala estábamos impacientes. Queríamos ver un narco. Pero la fiscalía no iba a darnos el gusto tan rápido. El segundo testigo fue el químico forense Robert C. Arnold, que trabajó en el Buró de Narcóticos y Drogas Peligrosas de 1990 a 1997. Su trabajo consistía en analizar la evidencia de sustancias controladas, comida, pesticidas, drogas. Había testificado al menos 100 veces en cortes de Estados Unidos. Era un hombre anciano con lentes de pasta tan grandes como sus orejas, arrugado, con pelo blanco quebrado; vestía un traje con un pañuelo en la solapa y traía consigo una larga lista de títulos académicos. Arnold era un señor francamente aburrido. Durante su testimonio muchos periodistas salieron de la sala.

Ese químico forense había recibido los 926 paquetes de cocaína que Salazar encontró en Arizona. El 18 de julio de 1990, recordó, realizó la prueba de color a esos kilos de polvo blanco y los vio teñirse de azul. Eso le confirmó que la sustancia que parecía harina blanca era 95% cocaína, el resto: humedad. Según Arnold, esa cocaína era de muy buena calidad. En su contrainterrogatorio, Purpura nos hizo ver que el científico con su larga lista de títulos académicos y certificaciones en decenas de cortes se equivocaba en cálculos matemáticos. "¿Nos puede repetir cuántas libras son 926 kilos?" Le pidió el abogado al testigo por segunda vez. Aproximadamente 420, insistió Arnold, errando mientras explicaba que para convertir kilos en libras había que dividir (y no multiplicar) entre 2.2. Fue, francamente, vergonzoso.

Había tres descansos al día: el de media mañana, de 15 minutos; el del almuerzo, de una hora, y el de media tarde, de otros 15 minutos. En la cafetería comían algunos reporteros, Eduardo Balarezo con su equipo de abogados, Mariel Colon Miro con Emma Coronel, y el equipo K-9 antibombas. El nombre del equipo no era oficial, pero en Estados Unidos, desde la Primera Guerra Mundial, así se le conocía a los operativos que usaban perros para detectar bombas. En inglés "K 9", suena como "canine", canino.

Cuando reinició el juicio, por la puerta de madera en el fondo de la sala por donde entraba y salía el jurado, entró un hombre grande vestido con el uniforme de prisionero: camiseta y pantalón azul marino. En la sala reinó el silencio. Usaba lentes con los cristales oscurecidos de pasta negra, tenía poco pelo y el que le quedaba lo tenía cortado a rape. La barba la llevaba de candado. Se sentó junto a él una intérprete y esperó a que el juez iniciara la sesión. Era El Rey: Jesús Reynaldo Zambada García, el benjamín de la familia Zambada García.

En esos primeros días del juicio contra Guzmán Loera, El Rey abarcó toda la sala con su presencia y, con su carisma, se ganó toda nuestra atención. El interrogatorio lo llevó Gina Parlovecchio. La fiscal, graduada en la Escuela de Derecho de la Universidad de Cornell, era rubia y vestía un traje sastre de falda y saco. Tenía una voz monótona y una manera extremadamente minuciosa de realizar las preguntas. Frente a ella, el libro negro le señalaba qué temas abordar, y con una pluma, palomeaba lo abarcado. No iba a dejar que se le escapara un solo envío, una sola fecha, un solo cómplice, un gramo de droga traficado. En su testimonio dirigido puntualmente por Parlovecchio, El Rey explicó la estructura del cártel, las diferentes rutas de envío de cocaína con sus respectivas ganancias, las guerras que libró el Cártel de Sinaloa, los sobornos enviados a funcionarios públicos, los asesinatos ordenados por Guzmán Loera, la fuga de Puente Grande y el sistema de comunicaciones que utilizaba El Chapo. En cada uno de esos puntos, ahondarían los fiscales en los siguientes meses, arrancándole a cada testigo colaborador confesiones para corroborar un tema diferente.

La estructura del Cártel de Sinaloa

Era surreal escuchar al Rey hablar sobre el cártel. Tenía una manera tan prosaica de describir sus actividades criminales que, si alguien hubiera entrado repentinamente, podría pensar que se hablaba de una compañía comercializadora de jugos o harina, no de una empresa delincuencial. Dijo, por ejemplo, que el Cártel de Sinaloa era un grupo de personas cuyo fin era llevar a cabo actividades criminales dirigidas por líderes para controlar el mercado y los precios del producto hasta su venta en Estados Unidos. El producto: mariguana, cocaína, metanfetaminas o heroína. Parlovecchio palomeaba en su libro negro.

Fue tan exhaustivo el testimonio del Rey, que explicó incluso que la cocaína venía de Colombia, de un árbol que tenía una hoja que se molía para formar un tipo de harina que se mezclaba con productos químicos, quedando convertida en cocaína. La heroína, por otro lado, era cultivada y procesada en México. Venía de una planta llamada amapola que daba, en sus palabras, una flor muy hermosa con una pelotita al centro. Cuando la pelotita llegaba a su clímax, decía El Rey mientras hacía una forma redonda con sus manos como si una de esas pelotitas estuviera entre ellas, se rayaba y salía la goma del opio. La mariguana era cultivada también en México, mientras que las metanfetaminas se fabricaban con un precursor, la efedrina la importaban de países asiáticos.

A finales de los ochenta El Chapo invertía con otros narcos en la importación de cocaína. Compartían el transporte, se dividían los sobornos y el personal para mover esa droga hasta el otro lado de la frontera norte de México. Trabajaba con Ismael, El Mayo Zambada, Juan José Esparragoza, El Azul, Amado Carrillo Fuentes, El Señor de los Cielos, Ignacio, Nacho Coronel y Arturo Beltrán Leyva. En 1992, el gobierno denominó a la organización a la que pertenecía El Chapo como La Federación. Incluso Parlovecchio utilizó un tablero negro con tiras de velcro para pegar las fotos de los narcotraficantes mencionados en el interrogatorio, según la jerarquía que le indicaba el testigo. "¿Dónde iría el acusado?", le preguntó a Zambada. Cuando él respondió que junto al Azul, la fiscal pegó una foto del Chapo en su pizarra negra. A su derecha, Guzmán Loera la veía mientras colocaba su cara en el collage. En el orden de los líderes del tablero con fotos, se veía algo así:

Ismael Zambada García **(Mayo)**	Amado Carrillo Fuentes **(El Señor de los Cielos)**	Juan José Esparragoza **(Azul)**	Joaquín Guzmán Loera **(Chapo)**	Ignacio Coronel **(Nacho)**
Jesús Reynaldo Zambada García **(Rey)**	Vicente Carrillo Fuentes **(Viceroy)**	Arturo Beltrán Leyva	Hector Beltrán Leyva	
Germán	Benny Contreras	Alfredo Beltrán Leyva **(Mochomo)**		

La estructura del cártel incluía líderes principales que manejaban a los sublíderes, quienes se encargaban de controlar las plazas del territorio mexicano. Mientras El Rey detallaba esta estructura digna de una empresa trasnacional, en la pantalla de la corte se proyectaba un organigrama. Era tan vasta la red de lugartenientes en los noventas, que si un cargamento tenía que llegar a Guerrero, había un sublíder ahí, ¿Chiapas? Otro. ¿Jalisco? Otro. ¿Sonora? ¿Sinaloa? Otro líder, presumía El Rey. No importaba de dónde llegara la cocaína colombiana, el cártel tenía la infraestructura para recibirla y llevarla a Estados Unidos. En total, controlaban Baja California Sur, Sonora, Nayarit, Jalisco, Guerrero, Chiapas, Tabasco, Quintana Roo y Chihuahua. Así lo explicaba el hermano menor del Mayo, mientras circulaba con detalle los estados en el mapa de México que estaba en la pantalla táctil frente a él. Seguramente era la primera vez que los miembros del jurado estudiaban con tanto detenimiento un mapa de México.

Los sublíderes que controlaban las plazas eran Nacho Coronel, en el caso de Guadalajara, Benny Contreras en el caso de Quintana Roo y Chiapas, Arturo y Héctor Beltrán Leyva en Guerrero y Morelos, El Nene Jaramillo en Baja California y Gonzalo Inzunza, Macho Prieto, en Sonora, Germán en Chihuahua, Arturo Beltrán Leyva y El Chapo en Chihuahua y él mismo en la Ciudad de México.

Parte crucial de esa operación eran los funcionarios públicos que recibían una paga de los narcos. Llevar esa relación con el gobierno era labor de los sublíderes, al igual que coordinar sicarios, transportistas, pilotos, ingenieros, choferes y guardias de seguridad. El Rey, por ejemplo, recibía cocaína colombiana en Cancún, en lanchas rápidas de las que descargaba la droga una cadena humana a 60 metros de la playa. Recibía de 5 a 7 lanchas juntas, cada una con 3 toneladas de cocaína, cada 3 o 4 semanas.

Para el 2001, El Chapo —después de su fuga de Puente Grande— estableció una sociedad 50/50 con el Mayo Zambada. Poco a poco se irían quedando como los jefes principales. Se decía que El Azul murió de un infarto en 2014; Amado Carrillo Fuentes murió en una cirugía plástica en 1997 y a Nacho Coronel lo asesinaron en un enfrentamiento en 2010.

En las anécdotas del Rey oímos hablar por primera vez sobre la pista clandestina en la sierra del triángulo dorado donde El Chapo recibiría a muchos de sus socios con un grupo de escoltas y, en algunas ocasiones, vestido con atuendo militar para llevarlos a diferentes casas, una de ellas en Las Coloradas, Durango. El Rey también habló de la pistola que El Chapo siempre llevaba consigo: una Súper .38 con cachas de diamantes que tenía sus iniciales. La foto de la pistola se proyectaba en las pantallas de la corte mientras El Rey la describía.

LAS RUTAS DE ENVÍO

Una de las responsabilidades del Rey era administrar las bodegas en la Ciudad de México donde se almacenaba la droga que llegaba de diferentes puertos, se marcaba con la información del proveedor para distribuirla y pagar, y se mandaba a diferentes puntos en la frontera para cruzarla a Estados Unidos. Entre 80 y 100 toneladas de cocaína pasaban por sus bodegas al año generando millones de dólares. El principal proveedor del cártel en los noventas era Chupeta, un narcotraficante colombiano que trabajaba para el Cártel del Norte del Valle.

En Cancún, Eduardo, El Flaco Quirarte, que trabajaba para Amado Carrillo Fuentes, recibía la droga colombiana y enviaba vía terrestre al Rey a las bodegas de la capital, donde se empacaba en una especie de hule que le llamaban condón. "Se introduce el bloque de cocaína al hule, se amarra y se le pone otro. Se encinta. Otro hule, lo encintas. Lo encintas hasta que tengas seguridad de que no se va a mojar el producto si le cae agua", decía El Rey como quien habla de preparar una receta de cocina. Después le ponían una marca a cada tabique. Marcas como las que había encontrado Carlos Salazar, el agente de aduanas, en los tabiques de cocaína incautados en Arizona. Las principales que recordó El Rey eran Zafiro, Randor, Alacrán, Pacman, Coca Cola, R, B y Corona.

Cuando la droga salía de la Ciudad de México, se mandaba a Estados Unidos en pipas de gas, a las que les hacían un doble fondo. Si detenían alguna y abrían la válvula, salía olor a gas. También transportaban cocaína a través de túneles, mediante operación hormiga de coches particulares con la droga escondida en compartimentos secretos, dentro de submarinos caseros y por avión.

Después de la muerte de Amado Carrillo Fuentes, el cártel empezó a incursionar en nuevas maneras de enviar cocaína a Estados Unidos. El Mayo llevó al Rey a conocer a Tirso, un mecánico que se encargaría de transportar cocaína en tanques de tren. Se conocieron en el aérea de carga del ferrocarril en Ecatepec, Estado de México, donde Tirso le enseñó los tanques que venían de Estados Unidos con químicos y aceite. Adentro de esos mismos tanques había una compuerta donde guardaban la cocaína. Sólo quien conocía el sistema lo podía abrir. Era una operación de bajo riesgo y la única persona que estaba presente en la zona de carga era un velador. En total sólo llegó a ver a Tirso una vez más.

En el tiempo que le quedaba entre sobornar funcionarios públicos y administrar las bodegas de almacenamiento, empaque y distribución de cocaína, El Rey se hacía espacio para reunirse con contactos que le ayudaban a importar otras drogas, además de la cocaína. Una de esas reuniones fue entre 2004 y 2005 en un parque de la Ciudad de México, con Chéspiro, el hombre de confianza del Chapo en el negocio de las metanfetaminas. En esa reunión, Chéspiro y El Rey acordaron importar entre 15 y 20 toneladas de efedrina desde Asia. Abrieron una empresa fachada, por la cual importarían mercancía comercial tres veces antes de traer la efedrina. Cuando tuvieron el precursor para fabricar metanfetaminas, o hielo, disolvieron la compañía.

El Rey también se encargaba de sobornar a los funcionarios del Aeropuerto Internacional de la Ciudad de México para que pudieran llegar los vuelos con envíos de droga sin problemas. Normalmente tenía todo bajo control, pero en 2005 recibió una llamada del Chapo. Necesitaba ayuda. Acababa de llegar un vuelo comercial de la línea Aeropostal, administrada por Chuy Villegas, con un cargamento de cocaína colombiana y no lo dejaban pasar. Eran cinco toneladas de cocaína y ya las habían requisado.

Era la tercera vez que llegaban cargamentos con droga, las dos ocasiones anteriores les habían dado chance por ser gente del Mayo y del Rey, le dijeron las autoridades del aeropuerto. Pero esa vez no era gente suya, ni de su hermano, recordó el testigo molesto, sino del Chapo. Pero como eran un mismo cártel, tuvo que trabajar con las autoridades haciendo un papeleo legal muy embrolloso para lograr sacar la cocaína. Al final le terminaron cambiando el nombre a la aerolínea, que pasó a llamarse Aerofox y siguió operando incluso después del arresto del Rey en 2008.

Los envíos por barco tenían una logística diferente, debían esquivar la guardia costera estadounidense. Tal era el reto, que en 1995 una tripulación perdió todo el cargamento de cocaína después de un ataque de pánico. Aquella ocasión el envío venía de Colombia y poco antes de llegar a su destino, a las orillas de Nayarit, los narcos en el barco pensaron que los estaban persiguiendo los estadounidenses y su solución fue aventar toda la cocaína por la borda, lanzándola al mar. El cártel no estaba dispuesto a perder la mercancía, así que mandaron un equipo de buzos de profundidad a buscarla y la recuperaron.

Una década más tarde, la organización de los envíos marítimos se había sofisticado. En 2006, El Rey asistió a tres reuniones donde se organizó el envío de 30 toneladas de cocaína desde Panamá a Sinaloa. La inversión inicial la hicieron Arturo Beltrán Leyva, El Mayo y El Chapo; el barco lo había conseguido uno de sus socios de Culiacán, el Capi Beto. El plan era cargar el barco en Panamá con lanchas rápidas y mandarlo hasta Topolobampo o Mazatlán. Después de la primera reunión, El Chapo le pidió al Azul, el intermediario del grupo, que se quedara con él para platicar, ambos bebieron de una botella de whisky Buchanan's. Aunque la reunión había sido de negocios, Guzmán Loera estaba preocupado por la cantidad cada vez mayor de problemas entre el Cártel de Sinaloa y Arturo Beltrán Leyva. El año siguiente, 20 de las 30 toneladas que venían de Panamá fueron incautadas por la guardia costera. Aparentemente Capi Beto hacía demasiadas llamadas y la DEA había interceptado sus comunicaciones. Ese mismo año se desató la guerra contra los Beltrán Leyva.

Una de las últimas hazañas del Rey fue mandarse a hacer un submarino casero que se podía sumergir tres metros y cuya estela no podía ser detectada por ningún satélite. Pagó un millón de dólares a los ingenieros que lo construyeron en Colombia y juntó una inversión de otro millón de dólares para importar cinco toneladas de cocaína. A la vaquita (la cooperación) le entraron El Mayo, El Chapo y sus trabajadores de la Ciudad de México. La guardia costera estadounidense lo interceptó en septiembre de 2008; terminó en Costa Rica. Pero detrás de su submarino venían otros cuatro: uno de Nacho Coronel, otro de Genaro, otro del Mayo y uno más del Chapo. Cada uno traía entre cinco y seis toneladas de cocaína. Con sus contactos, El Rey les ayudó a que llegaran a puerto y recibió en sus bodegas todos los envíos, menos el del Chapo. Un mes después, en octubre de 2008, arrestaron al Rey.

LOS SOBORNOS

Era curioso que la fiscalía sacara el tema de los sobornos. Necesitaban establecer ese paso para explicar la operación del cártel. Después de todo, los funcionarios públicos eran una división específica de la estructura del Cártel de Sinaloa, como había explicado El Rey. Pero los sobornos más significativos y grandes, los de los altos mandatarios con nombre y apellido, serían un tema que la fiscalía intentaría ocultar a toda costa. Esos sobornos ayudaban a corroborar la historia de la defensa, donde el cártel les pagaba a los políticos de altura para dejarlos seguir operando.

Los pagos se distribuían una vez al mes. El Rey le daba 300 mil dólares al director de la Procuraduría General de la República, al de Caminos y Puentes Federales, al de la Policía Judicial, al de homicidios, a las autoridades del aeropuerto y a policías municipales. Cuando recibían la droga colombiana en las costas, El Rey usaba la ayuda del comandante estatal de la PGR, el Yanqui, y el de la Policía Federal de Caminos, el Puma, quienes los escoltaban para que nadie los detuviera.

Uno de los pagos que El Rey hizo fuera de la capital fue para el "general Toledano" que trabajaba en Chilpancingo, Guerrero. Estaba desayunando con Guzmán Loera en una de sus casas de la sierra en 2003, cuando El Rey le avisó que quería importar un cargamento de cocaína por Guerrero. Un grupo de mujeres preparaba más comida. El Chapo le dijo que fuera a ver al general Toledano de su parte para avisarle que iba a estar trabajando en el estado, que le diera 100 mil dólares de regalo y le mandara un abrazo, recordó Zambada. Ese nombre que El Rey mencionó apenas de pasada en uno de sus cuatro días de testimonio era el general Gilberto Toledano Sánchez, comandante, en 2004, de la 35 zona militar en Chilpancingo, Guerrero. Después fue Secretario de Seguridad Pública en Morelos, incluso diputado suplente para el mismo estado.[7] Antes de irse, ese día, El Chapo le pidió al Rey que le vendiera cocaína cuando la tuviera. Como sublíder del cártel, Zambada organizaba a veces sus propias importaciones, Guzmán Loera le compraba cuando no tenía suficiente para abastecer el mercado de Estados Unidos. Con ese arreglo, le llegaría a comprar aproximadamente 2 mil kilos por año, de 2004 a 2008. Para encargarse de las transacciones, El Chapo mandó a Juancho, su primo, a la Ciudad de México.

Las guerras del cártel

Después de la captura de Miguel Ángel Félix Gallardo en 1989, sus sobrinos, los hermanos Arellano Félix, se quedaron con el control de uno de los cruces más importantes de la frontera: Tijuana. Pero El Chapo pasaba droga por su plaza sin autorización y empezaron a tener problemas. Tras varias reuniones infructuosas para concertar la paz, se desató la guerra. Los Arellano Félix incluso intentaron matar al hijo del Mayo, Vicente Zambada Niebla y a Amado Carrillo Fuentes. Aunque fracasaron, lograron asesinar al hermano del Rey y del Mayo: Vicente Zambada García, en Cancún. Según El Rey, su hermano Vicente ni siquiera estaba involucrado en el narcotráfico, tenía una vida social normal. La guerra entre los Arellano Félix y el Cártel de Sinaloa duraría de finales de los ochenta del siglo pasado hasta 2006.

Un día de 1994, o principios de 1995, los sicarios de los Arellano Félix intentaron matar al Rey. Estaba en una tienda de la Ciudad de México, desprevenido, cuando sintió el roce de una bala que le dispararon con intención de asesinarlo. De la herida en la sien le escurría sangre, recordaba el testigo sobándose el lado derecho de la cara donde alguna vez hubo una herida que ahora reemplazaba su cicatriz. Cayó al suelo sin perder la consciencia. "Brinqué inmediatamente con mi pistola y empecé a pelear", recordaba casi con añoranza el testigo. Según él, los sicarios estaban sorprendidos porque lo creían muerto. Después de un tiroteo, los pistoleros salieron huyendo, heridos. Gritaban: "¡Me va a matar, me va matar!", según recordaba El Rey, o quiso recordar. Así salvó su vida.

Los primeros años de la década de los noventa fueron convulsos en México. No sólo se libraba la guerra entre cárteles, el Ejército Zapatista de Liberación Nacional (EZLN) se levantó en armas durante 12 días a principios de 1994. En septiembre del mismo año, asesinaron a José Francisco Ruiz Massieu, Secretario General del Comité Ejecutivo Nacional del Partido Revolucionario Institucional (PRI), con un balazo en el cuello. Salía de una reunión del partido. Seis meses antes, en Tijuana, Baja California, habían asesinado al candidato para la presidencia del PRI, Luis Donaldo Colosio Murrieta.

En 2000, los hermanos Rodolfo y Vicente Carrillo Fuentes trabajaban para los Zetas, el brazo armado del Cártel del Golfo, liderado por Osiel Cárdenas Guillén, quien terminaría convirtiéndose en un cártel propio y de los más sanguinarios. Controlaban la frontera de Tamaulipas y los puertos de Tampico, Tamaulipas y Tuxpan, Veracruz. Los Zetas y el Cártel de Sinaloa tenían buena relación hasta que uno de los sicarios de los Zetas, Edgar Valdez Villarreal alias La Barbie, asesinó al Z-40, hermano de uno de los líderes del cártel. Como refugio, eligió el cobijo de Arturo Beltrán Leyva en la Ciudad de México. Beltrán Leyva, que era parte del Cártel de Sinaloa, decidió proteger a La Barbie, lo que llevó al cártel a una segunda guerra, ésta se libraría de 2002 a 2006.

Con cada guerra o asesinato de altos mandos, Parlovecchio tomaba un par de minutos para preguntarle al Rey cómo se veía en ese momento la más alta cúpula del Cártel de Sinaloa y reacomodaba las fotos de los líderes. A principios de la década de los 2000, se veía así:

Juan José Esparragoza **(Azul)**	Ismael Zambada García **(Mayo)**	Joaquín Guzmán Loera **(Chapo)**	Arturo Beltrán Leyva
Ignacio Coronel **(Nacho)**	Jesús Reynaldo Zambada García **(Rey)**	Alfredo Beltrán Leyva **(Mochomo)**	Hector Beltrán Leyva
	Benny Contreras	Germán	

La última guerra del cártel, durante los años del Rey Zambada, se luchó entre sinaloenses: los hermanos Beltrán Leyva contra el Cártel de Sinaloa, a partir del 2008, después de la detención de Alfredo Beltrán Leyva en enero del mismo año. Eran los primeros meses de 2007 cuando se reunieron El Mayo, Vicentillo, Juancho y El Rey en la sierra con El Chapo. Habían convocado varias veces a Arturo Beltrán Leyva pero se negaba a subir al triángulo dorado. Ese día decidieron declararle la guerra. Pasaron el resto de la reunión hablando de las complicaciones que eso traería, había gente muy peligrosa del lado de los Beltrán Leyva, como Rafita y La Barbie. Estaban seguros de que sería una guerra muy violenta, para entonces Arturo estaba aliado con Los Zetas y con Vicente Carrillo Fuentes. Y no se equivocaban. El primer día de la guerra murieron 12 personas, todas en Culiacán. Al final, morirían cientos. Para

El Rey fue la guerra más dolorosa, la más fuerte, la más fea, "entre nuestra misma gente, entre sinaloenses". Cuando se desató la guerra el liderazgo del cártel se veía así:

Juan José Esparragoza **(Azul)**	Ismael Zambada García **(Mayo)**	Joaquín Guzmán Loera **(Chapo)**
Ignacio Coronel **(Nacho)**	Jesús Reynaldo Zambada García **(Rey)**	
Vicente Zambada Niebla **(Vicentillo)**	Benny Contreras	Germán

En uno de los descansos coincidí en el elevador con las intérpretes que traducían el testimonio del Rey Zambada: una mujer mayor, rubia y otra mujer alta, morena, con el pelo negro. ¿Que se sentiría traducir, en tiempo real y bajo tanta presión, el testimonio de este criminal mientras confesaba sus actividades bajo la mirada atenta del Chapo Guzmán? Sabía que no me podían decir su nombre ni datos personales por seguridad, pero las saludé y les pregunté cómo se sentían. Se rieron entre sí, por compromiso, pero sin responder. Momentos más tarde, antes de salir, cuando se abrieron las puertas en el piso ocho, me dijeron "estamos nerviosísimas".

Al terminar el primer día de su testimonio, El Rey Zambada volteó a ver al Chapo antes de salir de la sala. Guzmán Loera había estado tomando notas de lo que contaba el testigo, para ayudar a sus abogados a puntualizar las preguntas del contrainterrogatorio. Desde su lugar en el estrado, El Rey cruzó miradas con El Chapo y por una fracción de segundo compartieron algo de lo que el resto de los presentes no fuimos parte. Con un mínimo movimiento de cabeza, Guzmán Loera pareció reconocer la presencia de o saludar al Rey justo antes de que se fuera. Desde las bancas, los reporteros observábamos en silencio, tratando inútilmente de extraer más de ese momento que era más fácil presenciar que describir, e imposible de replicar.

LOS ASESINATOS Y LAS CONSPIRACIONES PARA MATAR

Poco antes de que terminara el tercer día del juicio, El Rey contó la historia del asesinato de Ramón Arellano Félix, una de las pistas que había ofrecido Fels en sus alegatos iniciales. El Chapo llevaba años intentando matar a Ramón. Lo intentó primero en 1992, en la Discoteca Christine de Puerto Vallarta, cuando el hijo de uno de sus empleados, Raúl Guzmán, le dijo que los Arellano Félix iban a estar en la discoteca. Para sorpresa del Chapo, en el antro los esperaban hombres armados. Los Arellano Félix no estaban y la noche terminó en una masacre de pistoleros y civiles. Pero 10 años más tarde, a sólo un año de su fuga de Puente Grande, el penal de máxima seguridad, cumpliría su cometido. Le había prometido al Mayo y al Rey ayudarlos a vengar la muerte de Vicente Zambada García.

Ramón Arellano Félix iba en su coche, transitando por Mazatlán, cuando la policía local le hizo una parada. Ignoró el retén. Los policías lo persiguieron hasta la puerta de un hotel, donde el narco quiso entrar. Antes de llegar a la puerta, Ramón se enfrentó a tiros con los policías, hasta que una de las balas lo alcanzó. Murió el 10 de febrero de 2002 en Mazatlán, con un balazo en la nuca.[8] "Si algo le había dado gusto a mi compa El Chapo", dijo El Rey, "fue matar a Ramón".

Después de desatarse la guerra entre los Zetas y el Cártel de Sinaloa, en 2004 Rodolfo Carrillo Fuentes y El Chapo se encontraron en una reunión de paz. Al final, El Chapo le extendió la mano y le dijo "nos vemos, amigo", pero en vez de responder a la oferta de tregua, Rodolfo lo dejó con el brazo extendido, eso fue lo que le contaron al Rey. Después, Guzmán Loera prometió matarlo, pidió a los demás que eligieran bando y los Carrillo Fuentes se convirtieron en enemigos del Cártel de Sinaloa.

Ese mismo año, El Rey estaba en Culiacán, en una casa que le había asignado su hermano, cuando se enteró de la muerte de Rodolfo. El comandante Ruedi, que había desertado de la PGR para quedarse a trabajar con El Mayo en Sinaloa, estaba a cargo de su seguridad. En la casa donde estaban, Ruedi tenía una oficinita improvisada con ventanas que daban a la calle. Ahí tenía los radios con los que se comunicaba con el resto del cártel utilizando nombres clave para que no les interceptaran las comunicaciones. A través de esos radios se enteraron de que Rodolfo "había caído" después de que le dispararon saliendo del cine con su esposa, sus hijos y Pedro Pérez, un comandante de la policía judicial. Esa noche se quedaron encerrados porque luego del asesinato se desató un tiroteo y una persecución que El Rey nunca supo en que terminó.

La muerte de Rodolfo dio pie a otra guerra. Para entonces, Vicente Carrillo Fuentes controlaba la plaza de Ciudad Juárez y lideraba el cártel con el mismo nombre, así como su brazo armado: La Línea. Para resolver ese conflicto, se organizaron seis reuniones de paz, la mayoría en Cuernavaca y una en Zacatecas. Como representantes del Cártel de Sinaloa iban El Rey o El Mayo y como representante del Cártel de Juárez iba J.L., la mano derecha de Vicente Carrillo Fuentes. Tras seis reuniones de paz, llegaron a un acuerdo, pero duró poco, pues J.L. continuó asesinando a la gente del Chapo y El Mayo. Incluso amenazó con asesinar a Vicentillo. Los compadres y líderes del Cártel de Sinaloa mataron a J.L. en un campo de Sinaloa.

Había muchos asesinatos en las pugnas por el poder de las plazas y los ajustes de cuentas por orgullos magullados, pero la mayoría, según El Rey, eran decisiones consensuadas y avaladas grupalmente. Se podía matar, pero no sin avisar.

El siguiente fue Julio Beltrán. Era un narcotraficante que El Rey describió como muy afamado y poderoso, se movía con judiciales de Durango. En 2005, en Acapulco, fue Arturo Beltrán Leyva el que pidió consenso para matarlo "porque no hacía caso". Un grupo de sicarios se encargó de acribillarlo a "ráfagas" de cuerno de chivo en una avenida de Culiacán. Tantos habían sido los balazos, que la cabeza le quedó colgando. Los miembros del jurado se contorsionaban con expresiones de asco conforme la intérprete traducía el testimonio del Rey. El 13 de julio de 2005, Julio César Beltrán Quintero murió tras recibir varios balazos en una avenida de Culiacán, Sinaloa. Iba acompañado de policías de Tamazula, Durango.[9]

La mayoría de los asesinatos estaban directamente relacionados con las guerras, pero no todos. Había un "alto funcionario del gobierno" que tenía enojados a todos en el cártel por no recibir sobornos. El Chapo le había dicho al Rey, en una de las reuniones que sostuvieron en la sierra, que lo iban a tener que matar. El sicario principal del Mayo, Mechudo, quería hacerlo personalmente. Le pidieron su colaboración al Rey para participar en el plan, porque él podía localizarlo a través de sus contactos en la policía. El apellido del funcionario era Vasconcelos. Cuando El Rey se enteró del plan completo para asesinarlo, decidió no participar y lo consultó con El Azul. Para el Zambada menor, matar a Vasconcelos sólo les traería problemas. Era un civil que nada tenía que ver con la guerra y lo único que hacía era negarse a recibir su dinero. El Azul lo apoyó. Pero con la ayuda del Rey o sin ella, el plan continuó. De esto se enteró Zambada cuando le pidieron que liberara a un grupo de hombres armados. Eran del cártel. Los habían detenido a mediados de 2005 en el sur de la Ciudad de México. Sacarlos iba a estar difícil porque uno confesó que iban camino a matar a Vasconcelos. Finalmente, dijo El Rey, no lograron matarlo. El funcionario al que El Rey se refería era el llamado "Zar Antidrogas". Llevaba más de 10 meses viviendo en una casa de seguridad después de los atentados contra su vida y su mayor temor, según un perfil publicado de él en *El Universal*, era morir en un atentado.[10] José Luis Santiago Vasconcelos inició su carrera profesional luchando contra el narcotráfico dentro de la PGR, en 1993. Llegó a ser Secretario Técnico de la Subprocuraduría Especializada en Investigación de Delincuencia Organizada (SIEDO) y murió en un accidente aéreo con el entonces Secretario de Gobierno, Juan Camilo Mouriño Terrazo, el 4 de noviembre de 2008.

Arturo Beltrán Leyva tenía varios pistoleros, según El Rey, y eran muy poderosos porque la mayoría trabajaba para la SIEDO. Cuando decidieron declararle la guerra a los Beltrán Leyva, empezaron los asesinatos de sus hombres de confianza. Nemesio era un comandante de la SIEDO, según recordó El Rey, que trabajaba para Arturo y había prometido matar al Chapo y al Mayo. Un día de 2007, El Rey venía en el coche con el sicario de su hermano, Mechudo. Iban saliendo del aeropuerto cuando El Mayo le marcó por teléfono. Quería que le diera la orden a su sicario de matar a Nemesio. Mechudo, que iba en el coche, respondió que ya se había encargado. Días antes lo había matado en un semáforo de Coapa o en algún lugar del sur de la Ciudad de México. Después Arturo le reclamaría al Rey por matar a su comandante: le acababa de pagar varios millones de dólares. Pero El Rey negó todo y le dijo que le preguntara directamente al Chapo o al Mayo. "Yo no tenía por qué decirle nada", se justificó en la corte federal de Brooklyn. Según un reportaje de *La Silla Rota*, el lunes 14 de mayo de 2007, un coche rojo y dos motociclistas emboscaron a José Nemesio Lugo Félix en la delegación de Coyoacán, Ciudad de México. Le dispararon hasta que la camioneta donde viajaba se estrelló con un poste. En la escena encontraron ocho casquillos de balas. Lugo Félix era secretario técnico de la Comisión Interinstitucional para Prevenir y Sancionar el Tráfico y Trata de Personas dentro de la PGR. Había iniciado su carrera contra el crimen organizado en el Centro de Investigación y Seguridad Nacional (CISEN) y con el tiempo escaló posiciones en la Policía Federal Preventiva (PFP) y la PGR.[11] Antes de su muerte, el funcionario había estado a cargo de la seguridad del aeropuerto de la Ciudad de México y era uno de los colaboradores cercanos del entonces Procurador General de la República, Eduardo Medina Mora.

Después de Nemesio llegó Roberto Velazco, otro comandante de la SIEDO, que también trabajaba para Arturo Beltrán Leyva en 2007, según las afirmaciones del Rey. Nacho Coronel dijo que Velazco estaba atacando al Cártel de Sinaloa y El Chapo lo quería muerto. Una vez más, éste fue un encargo para Mechudo. Para encontrarlo, El Rey le pidió ayuda a Bayardo, otro comandante de la SIEDO que trabajaba para el Cártel de Sinaloa. El plan funcionó. Encontraron a Velazco en el estacionamiento del edificio donde vivía, rumbo a Tacuba: ahí mismo lo asesinaron. En el encargo, Mechudo había recibido un balazo en el estómago, por lo cual pidió 30 días libres para recuperarse de la operación. Según una investigación de Ginger Thompson para *ProPublica*, [12] Roberto Velazco Bravo era parte de la Unidad de Investigaciones Sensibles, un grupo de policías federales entrenados por la DEA. Llevaba sólo siete meses en su puesto, tras reemplazar a su antecesor, Rubén Omar Ramírez, también asesinado en la Ciudad de México, a éste último lo mataron afuera de su casa en mayo de 2008. Otro alto mando de la policía federal a cargo de esa unidad de investigaciones fue despedido al poco tiempo por sospechas de corrupción. Uno de los principales testigos en su contra fue Edgar Enrique Bayardo, miembro de la misma unidad. El policía acusado de corrupción fue absuelto de los cargos y a Bayardo lo asesinaron afuera de un Starbucks de la Ciudad de México en 2009.

Antes de la muerte de Bayardo, el policía federal los ayudó a asesinar a otro de los enemigos del cártel. En enero de 2008 el ejército mexicano arrestó a Alfredo Beltrán Leyva, El Mochomo, en Culiacán, Sinaloa. Sus hermanos, Arturo y Héctor, culparon al Chapo del arresto y la guerra —que ya se había planteado desde 2007—, estalló en forma. Por eso decidieron matar a Raúl, un venezolano que había empezado trabajando para el Cártel de Sinaloa y se había pasado al bando de Arturo Beltrán Leyva. Raúl tenía demasiada información de las ubicaciones y operaciones del cártel en la Ciudad de México y El Mayo se sentía personalmente traicionado. Para encontrarlo, Bayardo los ayudó poniéndole un dispositivo en el aeropuerto. Al ser venezolano, lo pudieron identificar antes de viajar y Bayardo se lo entregó a Mechudo, quien —una vez más— cumplió con su labor. Mató a Raúl.

El último asesinato que narró El Rey, fue el peor. Incluso peor que el de Julio Beltrán. Rafita era un comandante de la policía judicial, quien además era un sicario de Arturo Beltrán Leyva. En palabras de Zambada, Rafita tenía el poder de detener a quien fuera y desaparecerlo sin problemas. A principios de 2008, Nacho Coronel habló con El Rey para contarle el plan para asesinar a Rafita. Las órdenes venían directamente del Chapo y El Mayo. Cuando le dieron las instrucciones a Mechudo, estaba listo. Es más, "ese es el primero que yo quiero matar", dijo el sicario, según recordó El Rey. Pero matarlo no iba a ser tan sencillo. Rafita viajaba a todos lados con escoltas que no lo dejaban solo en ningún momento. La única manera de llegar a él sería sacarlo de su casa y tener mucha gente preparada. Para hacerlo, utilizaron a su hijo. Todos los días, el niño de Rafita se iba caminando a la escuela. Mechudo mandó un sicario a esperar al niño afuera de la casa en un coche. Cuando salió caminando para ir al colegio, el sicario frenó abruptamente el auto e hizo rechinar las llantas. Inmediatamente después, otro sicario corrió a la puerta de la casa gritando que habían atropellado al niño. Rafita salió corriendo de la casa a buscar a su hijo para encontrarse con las balas del cártel. "El niño ni cuenta se dio, solo siguió caminando a la escuela", explicó El Rey sobre la muerte de quien llamó uno de los objetivos más importantes de la guerra.

La fuga de Puente Grande

Zambada García transportó a Guzmán Loera a la Ciudad de México después de escaparse de la prisión de Puente Grande en 2001. Ahí fue cuando lo conoció en persona. Estaban en un terreno semidesértico con arbustos en Querétaro, un lugar que El Rey le había encontrado a su hermano para aterrizar el helicóptero que traería al Chapo para evitar su recaptura después de escaparse, como se ha dicho varias veces en este libro, en un carrito de lavandería, de la prisión de Puente Grande, en Jalisco. El Mayo estaba preocupado por un tal Chito, dijo El Rey, el empleado del penal que había sacado al Chapo de la cárcel en el carrito de lavandería y ahora se quería entregar. Nunca supimos que pasó con él.

Mientras Zambada recordaba esa anécdota de 17 años atrás, Guzmán Loera lo veía atento desde su lugar en la mesa de la defensa. Vestía un traje y corbata azules, con una camisa blanca. Horas antes, El Chapo había entrado a la sala buscando —como todos los días— la mirada de su esposa. Esa mañana, después de levantar el brazo derecho para saludar a Coronel Aispuro, El Chapo saludó a su equipo legal de mano, como cada día desde el inicio del juicio. Uno de sus abogados, Balarezo, se sentó junto a él para ayudarle a acomodarse la corbata mientras el resto del equipo se congregaba a su alrededor para hablarle de cosas que el público no alcanzaba a oír.

Ese día de 2001, continuó el testigo, después de recoger al Chapo en Querétaro, El Rey y su esposa Paty, lo transportaron a la casa del Mayo en las Lomas de Chapultepec, en la Ciudad de México. El personaje de Paty pronto nos intrigaría a todos: la esposa del narco que lo acompañaba a todos los encargos, a recoger al Chapo de su fuga de la cárcel al igual que para volar en un avión a una pista clandestina en la sierra de Sinaloa. Para evitar que la cámara de la caseta lo identificara, bastó con que El Chapo se tapara la cara con un periódico al entrar a la Ciudad de México. En la capital los esperaban los policías del Rey. "Cuando vio a la policía se asustó", explicó Zambada, "pero le expliqué que eran gente nuestra". Los judiciales, con una patrulla y una moto, los escoltaron hasta su destino: la casa del Mayo, en Las Lomas de Reforma.

La estancia del Chapo en la Ciudad de México no duró más de un día. Después lo llevaran a resguardarse en un rancho pequeño con una casa grande de madera en Villas del Carbón, Estado de México. La propiedad era de Barbarino, un pistolero "temido y famoso" del Chapo y de Arturo Beltrán Leyva.

Las reuniones que sostuvo El Chapo en el rancho, recordó El Rey, eran siempre para organizarse con vistas a los siguientes trabajos. Casi siempre había 20 personas máximo, incluidos El Mayo, Paty, El Azul, Arturo Guzmán "El Pollito" y una amiga colombiana del Chapo, Cristina.

Durante esos días de la primera y segunda semana del juicio, empezaron a llegar personas extrañas como parte del público. Primero fue John B., de Massachusetts, que vestía pants deportivos y hacía estiramientos en la banqueta. Muchos de sus amigos habían estado en la mafia, los habían matado a tiros o estaban en la cárcel, me explicó. Por eso estaba ahí, para ver cómo era uno de estos procesos al más alto nivel de criminales. Otro era Emile, un abogado rumano que venía de Londres para aprender de la estrategia de la defensa. Usaba una gabardina negra y traje de tres piezas todos los días. Le apodamos el sicario checheno. Los siguientes fueron un par de hombres rubios, altos, vestidos de traje, pero tenían el pelo largo y la barba mal cortada. Parecían desaliñados para ser abogados. Se sentaron junto a nosotros y no tomaron nota de nada de lo que dijo El Rey Zambada. Se limitaron a escribir en sus libretas lo que decíamos los reporteros. Después descubrimos que hablaban español.

Al lunes siguiente, Emma Coronel fue vestida con camisa blanca, saco azul oscuro largo, abierto, leggins negros y zapatos de tacón negros. Decía todo el tiempo que odiaba que los reporteros le prestaran atención y escribieran sobre ella, en vez de enfocarse en el juicio. Pero a veces parecía que le gustaba. Yo pensaba mucho en que teníamos la misma edad pero con vidas tan diferentes y también con probabilidades tan bajas para conocernos pero habíamos terminado las dos en esa salita de seis filas. Ella en su papel de esposa fiel y yo escribiendo sobre su ropa.

"Mi apodo era El Rey", respondió Zambada cuando la fiscal, Gina Parlovecchio, le preguntó cómo le llamaban. Y cuando inquirió por el origen del sobrenombre, El Rey agregó con total naturalidad: "Me gané ese nombre cuando nací." Los miembros del jurado observaron al hombre con el uniforme azul de prisionero y sonrieron. Yo misma no pude contener la risa mientras escribía, vuelta loca con las frases que salían de la boca del testigo. "Cuando nací, mi padre me puso el nombre Jesús y dijo que había nacido El Rey": ¡Ah, música para los oídos de los reporteros!, que en ese momento nos volteamos a ver.

Después de días de testimonio, el testigo se veía más relajado, gesticulando mientras explicaba y ofrecía detalles con más soltura. Cuando dijo que era el hermano más chico de su familia, sonrió. Jesús Reynaldo Zambada García pudo haber sido El Rey desde que nació, pero no siempre fue un criminal, le aseguró a la corte. Antes de trabajar como líder de la plaza en la Ciudad de México para el Cártel de Sinaloa, El Rey era gerente general en una compañía común y corriente de la capital. Ese trabajo, conseguido después de titularse como licenciado en contabilidad, terminó cuando su hermano El Mayo empezó a figurar como narcotraficante. Después de ver a su hermano en los medios, sus empleadores lo corrieron.

Una vez que empezó a trabajar como sublíder del Cártel de Sinaloa, El Rey usaría nombres falsos en documentos como credenciales de elector, licencias de conducir y visas para entrar a Estados Unidos. No declaraba sus ingresos, cargaba una pistola calibre .38 y conspiró tres veces —al menos las que confesó— para matar.

Los cuatro días de testimonio del Rey se mezclaban uno con otro. Nos habíamos acostumbrado al baile en el que Parlovecchio le hacía preguntas claramente ensayadas al testigo, quien las respondía con diligencia. De vez en cuando algún abogado de la defensa hacía una objeción, para que la fiscal preguntara cómo El Rey sabía algo o de qué fechas estaba hablando. Coronel, reposando la cara sobre sus manos, escuchaba con atención. De vez en cuando, las personas sentadas en la sala de la corte federal reían con El Rey cuando insertaba un poco de gracia a sus respuestas.

Después de su arresto en 2008 y su extradición en 2012, el testigo firmó un acuerdo de colaboración con el gobierno de Estados Unidos luego de declararse culpable por importación, distribución y venta de cocaína y por pertenecer a una empresa delincuencial continua. A cambio, el gobierno le daría una carta de recomendación que el juez puede tomar en cuenta cuando determine su sentencia. También logró obtener una visa para que sus familiares se mudaran a Estados Unidos.

A lo largo de su interrogatorio, la fiscal le mostró al testigo las diferentes fotografías que usó en lo que Purpura llamó su tablero del liderazgo. Para evitar objeciones de la defensa, la fiscal le preguntó, con cada una, cómo sabía quiénes eran. El proceso se había convertido en una repetición constante a la que Zambada se había acostumbrado. Respondía una y otra vez, que lo sabía porque había crecido con El Mayo, o porque era amigo cercano del Azul.

Por eso, cuando la fiscal le enseñó la foto de un hombre con barba y ojeras grandes preguntando si reconocía a la persona, los miembros del jurado se rieron cuando El Rey respondió: "Claro, soy yo." En su uniforme azul de prisionero debajo de una chamarra beige que se había puesto porque al interior de la sala hacía frío, El Rey veía su propia cara capturada años antes en la foto proyectada en las pantallas de la corte. En esa cara más joven El Rey tenía una expresión de enojo y una mirada fría que contrastaban con el testigo carismático al que la corte había llegado a conocer. La fiscal tampoco logró contener la risa cuando añadió "no le preguntaré cómo sabe que ese hombre es usted".

El Rey Zambada nos cautivó. Hizo reír al jurado. Con sus repuestas, solté carcajadas. Hicimos aspavientos incrédulos hasta que los guardias nos regañaron. No hay otra manera de explicarlo: el hermano menor del Mayo era gracioso y ocurrente. Al menos eso creía antes de que empezara el contrainterrogatorio, esa serie de preguntas que el narco no había ensayado. Durante el contrainterrogatorio el carisma del Rey se disolvió muy rápido, mientras un cinismo escalofriante lo reemplazaba.

Al día siguiente Emma estaba vestida con jeans, zapatos de tacón beige, saco largo de terciopelo negro, camisa blanca. Traía una bolsa de correa negra, larga, cruzada. Desde su lugar, El Chapo volteaba a verla; él vestía un traje gris con camisa color champaña y una corbata marrón, El Chapo le hizo señas de aprobación, levantando los dos pulgares hacia arriba mientras decía con la boca sin emitir sonido "qué bonita". El contrainterrogatorio inició y, con él, la primera vez que presenciamos la misma táctica repetitiva que utilizaría la defensa con todos los criminales que testificaron: un intento por desacreditar sus testimonios al evidenciar que mentían.

Para preparar el testimonio en el juicio contra Guzmán, El Rey se reunió con la fiscalía al menos 20 veces desde mediados de 2017 hasta pocos días antes de iniciar el juicio, según le hizo decir Purpura. Nunca antes de la última serie de reuniones, cuando lo preparaban para testificar contra Joaquín Guzmán, El Rey había mencionado al acusado como líder del Cártel de Sinaloa. Cada vez que habló de alguien ordenando un asesinato o coordinando un envío de droga, había hablado de su hermano.

Purpura indagó sobre algunos detalles que narró El Rey Zambada en su testimonio. Entre ellos, quería saber si era cierto que de 2004 a 2008, el testigo le vendía cocaína al Chapo en la Ciudad de México.

"De acuerdo con usted, este líder del Cártel de Sinaloa tenía que comprarle a usted cocaína de 2004 a 2008, ¿cierto?" preguntó Purpura sarcásticamente.

"Así es", respondió el testigo.

"Entonces en este diagrama", le dijo el abogado, acercándose al tablero que la fiscal Gina Parlovecchio había utilizado varias veces para organizar las fotos de los líderes del cártel a través de los años, "si usted le suministraba al Chapo, usted debería estar ahí arriba, ¿no?" añadió Purpura mientras estiraba su mano con la foto del testigo hasta arriba del tablero del liderazgo. "¿Cómo se ve esto?" le preguntó.

"¡Bien!" respondió El Rey con una mirada sombría, sonriendo desde el estrado.

El abogado insistió en los cambios del liderazgo del cártel. Caminó hasta la mitad de la sala para pararse junto al tablero negro donde la fiscalía había pegado las fotos de la cúpula del Cártel de Sinaloa sobre las tiras de velcro para facilitarle al jurado la comprensión del caso. En la fila superior estaban, de izquierda a derecha, las fotos de los narcos principales.

Conforme se acercaba a la pizarra, Purpura pidió al testigo que se pusiera de pie para ver bien. El abogado empezó a recapitular los eventos narrados en días anteriores. "Ya dijimos que murió Carrillo Fuentes", dijo Purpura arrancando la foto del Señor de los Cielos de la pizarra mientras el sonido del velcro inundaba la sala. Zambada lo confirmó.

"El Azul, fallecido", dijo el abogado.

"Eso creo", contestó El Rey, parado desde el estrado de los testigos, con otro tronido del velcro.

"Nacho Coronel, fallecido", continuó Purpura arrancando la foto a la derecha del Chapo en el tablero.

"Así es", respondió Zambada.

"Arturo, muerto", dijo el abogado.

"Muerto", asintió El Rey mientras la foto de Beltrán Leyva desaparecía.

"Héctor...", pausó Purpura. "No sabe dónde está, pero no está aquí, ¿no?" Dijo el abogado sin aclarar que Héctor Beltrán Leyva —preso en el Altiplano— había muerto tres días antes de un infartó al corazón.

"Creo que está preso", dijo El Rey, mientras el sonido del velcro confirmaba la ausencia del H.

"Eso deja a su hermano, ¿dónde está?" Preguntó Purpura frente a un tablero casi vacío.

"Probablemente en las montañas", admitió Zambada.

Quedó solo El Chapo en la pizarra y el abogado preguntó entonces cuál era la clave del Rey para salir de prisión. Una objeción de la fiscalía impidió que el testigo respondiera, pero las preguntas y la imagen de una pizarra casi vacía ya habían causado una impresión en los presentes.

Después Purpura quiso saber cómo tenía una memoria tan privilegiada para recordar conversaciones precisas y botellas de Buchanan's de 17 años antes. ¿Se acuerda lo que comió en su cumpleaños hace 17 años? Le preguntó, provocando las risas de los miembros del jurado. ¿Sabe lo que es una telenovela? Quería saber el abogado. Sí, respondió confundido El Rey. ¿Alguna vez ha escrito para ellos? "¡Objeción!" Parlovecchio detuvo el espectáculo.

Poco a poco, como una canción que llega a su clímax, el ritmo del contrainterrogatorio aumentó con las implicaciones de las preguntas. "Si El Mayo pudiera corromper al presidente de México, ¿lo haría?" le preguntó Purpura. "Tal vez", respondió El Rey. "Su hermano tenía un particular interés en una persona llamada García Luna, ¿cierto?" Prosiguió el abogado. "Correcto", admitió Zambada.

Diana Baptista, del *Reforma*, sentada a mi izquierda, me empezó a dar codazos en las costillas. ¡García Luna! Esperamos a que terminara la explicación del Rey mientras uno a uno, los reporteros mexicanos salían de la sala caminando apurados. Jesús Reynaldo Zambada García admitió haber sobornado a Genaro García Luna, entonces Secretario de Seguridad Pública durante la administración de Felipe Calderón Hinojosa. El mismo presidente que, 10 días después de iniciar su cargo, lanzó la guerra contra las drogas, iniciando con un operativo de militares en Michoacán. Desde entonces, el número de muertes relacionadas con el crimen organizado es de alrededor de 170,000, el costo público de la estrategia se estima en casi 2 millones de pesos, de acuerdo a "Año 11 de la guerra contra el narco", una investigación de *El País*, México.[13]

El soborno, en 2007, a nombre del Cártel de Sinaloa, no era el único ni había sido el primero. Antes, entre 2005 y 2006, El Rey se había reunido con García Luna por primera vez y con el abogado de su hermano, Óscar Paredes, en un restaurante de la Ciudad de México. En esa ocasión, el soborno de 3 millones de dólares, fue para que el entonces director de la Agencia Federal de Investigación (AFI) colocara a un hombre del Mayo como líder de la policía en Culiacán. El segundo soborno, en 2007, consistía entre 3 y 5 millones de dólares, destinado para que el cártel pudiera operar sin contratiempos, dijo Zambada.

También confirmó tener conocimiento de una cantidad de 50 millones de dólares reunidos entre Arturo y Héctor Beltrán Leyva, El Indio y La Barbie para que García Luna les garantizara su protección. Según el testimonio del Rey, el funcionario tenía un fuerte compromiso con Arturo Beltrán Leyva. Con vistas al futuro, Zambada también dijo haberle pagado "varios millones" en 2005 a quien, estaba seguro, sería el siguiente Secretario de Seguridad Pública, un hombre descrito como Secretario de Gobierno durante la jefatura de Andrés Manuel López Obrador en la Ciudad de México. Pero las polémicas elecciones de 2006 para la presidencia de la república convertirían esa inversión en una apuesta perdida.

Salimos corriendo al sexto piso a escribir la nota. Junto a mí, la autora estadounidense del sombrero de piel me preguntaba si García Luna era conocido. No había tiempo para responder. Afuera, junto al detector de metales los guardias nos preguntaban qué había pasado. Ahí va otro más, decían, con los periodistas que salían disparados de la sala. En nuestro cuartel de guerra del sexto piso, todos tecleábamos decenas de notas diferentes con los mismos datos. Una vez enviada la nota, regresamos a la sala del juicio.

Entre las confesiones que Purpura le arrebató a Zambada también estuvieron el hecho de que El Rey estudió seis meses de bachillerato en Las Vegas, manejando un Porche que le regaló su cuñado, Antonio Cruz Vázquez, antes de ir preso por narcotráfico. El testigo lo justificó como un regalo afortunado mientras veía a Purpura con el ceño fruncido y la mirada sombría, respondiendo a regañadientes. El Rey simpático y elocuente que días antes describía el organigrama del Cártel de Sinaloa, había desaparecido. Después de que el abogado hiciera una larga pregunta en inglés sobre cómo esconder dinero, abrir cuentas de banco, adquirir propiedades, El Rey respondió visiblemente molesto antes de que la intérprete empezara a traducir la respuesta. Había entendido todo, desde el principio, dejando que las intérpretes tradujeran pregunta por pregunta y cada una de sus respuestas. Los miembros del jurado ya no sonreían. Las ocurrencias del Rey habían sido reemplazadas por una mirada calculadora.

Durante cuatro días de testimonio, los dos sinaloenses de la sierra —El Chapo y El Rey— estuvieron en la sala 8D, uno contando sus memorias y el otro anotando en una libreta sus observaciones. La fiscal Parlovecchio se aseguró de preguntarle cada dato de información relevante mientras el abogado Purpura intentaba contradecirlo. Los empleados de la corte, el mismo juez Cogan, los fiscales y sus décadas de investigaciones, el equipo de la defensa, los reporteros de todo el mundo y los miembros del jurado estábamos ahí por esos dos hombres recios que habían decidido dedicarse al tráfico de droga. Dimensionar esa circunstancia me costaba trabajo.

Días antes, en una conversación filtrada entre los abogados y el juez Cogan, se dijo que El Rey confesaría haber sobornado al presidente de México. Antes de la última sesión de testimonio de Zambada, la fiscalía presentó una moción para suprimir una línea de interrogación que podría implicar a terceros. El juez, aceptando la moción en parte y negándola en parte, permitió que la defensa sacara el tema de los sobornos a García Luna y al funcionario de López Obrador.

Me tomó sólo dos semanas distinguir que mi parte favorita del juicio era el contrainterrogatorio, específicamente cuando lo llevaba William Purpura. El abogado de Baltimore era un hombre mayor y sumamente elegante. Era fino en vestir, con trajes impecables, elegante en su manera de caminar por la corte, saludar sonriendo con su cara blanca lampiña y sus ojos azules, elegante también en el porte con que llevaba su calva. Su elegancia también destacaba en sus interrogatorios.

Antes de volver para escuchar a los siguientes testigos, y los últimos del día, fuimos a comer durante el descanso del almuerzo. La cafetería era el cuarto más democratizador de la corte, todos hacíamos la misma fila para pedir comida caliente y todos compartíamos el mismo espacio con mesas de aluminio incomodísimas para consumir la comida miserable que vendían ahí. En una mesa estaba Emma Coronel, en otra comía el abogado Eduardo Balarezo con una de las mujeres de su equipo. En otra más se sentaban los periodistas anglosajones frente a la televisión donde aparecían reporteras de algunos canales de televisión estadounidense. Afuera la nieve caía como una cortina continua de polvo blanco, era la primera nevada de la temporada. En la pared, estaban pegadas algunas postales que les mandaban a los empleados de la cafetería, agradeciendo sus servicios. Se terminó la hora del almuerzo y volvimos a la sala 8D.

El resto de la tarde pasó ligera, como si hubieran sido comerciales interrumpiendo una función. Hablaron Thomas Lenox, un agente retirado de la DEA, quien testificó sobre las famosas latas de chile *La Comadre*, por medio de las cuales traficaban cocaína, descubiertas en 1993. A él le siguió Owen Putman, también agente retirado de la DEA, quien testificó sobre llamadas interceptadas que hablaban del Chapo pero ninguna tenía la voz del acusado. Michael Humphries fue el último testigo de esa segunda semana del juicio contra El Chapo Guzmán, empleado de aduanas que incautó 1,226,354 dólares de un Bronco de Arturo Guzmán Loera, el hermano del acusado, a finales de los ochentas en la frontera.

Con estas últimas pistas, la fiscalía terminó de montar la información básica de estructura y operación del Cártel de Sinaloa con la que pretendían comprobar que Joaquín Guzmán Loera había sido el líder. Para los miembros del jurado, que tenían prohibido consultar noticias, discutir el juicio entre ellos o con otros y buscar información durante el descanso de cinco días, se habían expuesto los cimientos de esa operación trasnacional. "¿De veras crees que no vean nada del juicio durante estos cinco días?" Le pregunté a uno de los periodistas con más experiencia. "Cómo crees", me dijo, "y ahora imagínate las dos semanas de Navidad y Año Nuevo. Por eso el juez tiene tanta prisa por terminar".

Conforme salimos a la calle ese martes 20 de noviembre, comentando todo lo sucedido, de pronto sentí un vacío, una especie de vértigo, al alejarme durante cinco días de ese pequeño universo que me succionaba con fuerza. Feliz Día de Acción de Gracias, nos dijimos en la despedida los reporteros que salíamos de la corte. Mientras caminaba y me incorporaba al resto del mundo, la sensación de encierro y la dinámica de la corte se quedaban atrás. ¿Qué estaría pasando por la mente de los miembros del jurado? Era como si todos hubiéramos asistido a una especie de escuela del narco, donde aprendimos de la organización criminal y su historia. Pasado el puente, regresaríamos a clase. Después de todo, El Rey había sido el primer testigo colaborador y esperábamos 13 más. ¿Quién sería el siguiente?

EL BOOM COCAINERO

El lunes 26 de noviembre los adornos otoñales habían sido reemplazados por decoraciones navideñas. Las temporadas pasaban por la corte mientras el juicio avanzaba y profundizaba. El Rey Zambada había establecido la pauta de todo lo que quedaba por venir. Miguel Ángel Martínez Martínez alias El Gordo o El Tololoche, Juan Carlos Ramírez Abadía alias Chupeta y Germán Rosero alias El Barbas, dieron detalles sobre aquellos primeros años del cártel. Pronto quedó claro que los testigos que venían de las fuerzas del orden —los agentes de la DEA, del FBI, de aduanas, guardia costera y fronteriza, así como los expertos— daban explicaciones teóricas o relataban hallazgos de investigaciones que después los criminales hilarían con la historia del Chapo Guzmán. El caso de la fiscalía era un entramado complejo y detallado, planeado exhaustivamente hasta el último detalle, donde los testimonios tejían las pruebas irrefutables de culpabilidad.

Para terminar su testimonio del miércoles anterior, Michael Humphries subió al estrado para explicar cómo encontró los fajos de billetes escondidos en un doble fondo de los paneles laterales del Bronco. El Chapo vestía un traje y corbata azules y camisa café. Emma Coronel tenía un abrigo azul con diseños de grecas, leggins oscuros y botines negros. A veces se ponía unos lentes de pastas gruesas color vino.

Donald Charles Semesky Jr. siguió. Era un experto en transacciones de dinero, bancos y lavado de dinero. El lavado de dinero, dijo, era la hidra que bombeaba sangre a las venas de la organización criminal. El hombre arrugado, con barba tupida pero bien acicalada, había trabajado como jefe de operaciones financieras para la DEA y para la división de investigaciones de Hacienda. Ahora era un consultor privado.

Durante su trabajo en la DEA, Semesky Jr. interactuó con la oficina contraparte de la Ciudad de México, la Policía federal y la PGR, dando asesoría y ayudando a construir programas de investigación y combate al narcotráfico desde el sector financiero. En 2008 el procurador general de la República, Eduardo Medina Mora, lo invitó a México para entrenar a su equipo, oferta que aceptó al siguiente año. Eduardo Balarezo intentó hacerle una pregunta de la operación *Rápido y furioso*[14], pero el juez Cogan no lo permitió. Evadir las mociones de la fiscalía para no "avergonzar a terceros" era uno de los retos más grandes para el equipo de la defensa, que intentaba argumentar que El Chapo era inocente, precisamente por la participación de esos terceros poderosos que el gobierno no quería incomodar. El abogado estaba frustrado. En 2015 durante la nominación de Medina Mora para ministro de la Suprema Corte de la Nación, salió a relucir que dentro de la PGR, él tuvo conocimiento de un operativo que mandaba armas de alto calibre de Estados Unidos a México y mintió entonces al decir que no sabía. Armas que terminaron en manos del crimen organizado. Datos como ése eran los que necesitaba la defensa para armar su caso, pero las objeciones por parte de la fiscalía, concedidas por el juez, se los impedían. El jurado nunca escuchó nada de *Rápido y furioso*.

El experto detalló diferentes maneras de transportar dinero y cruzarlo por las fronteras. Dijo que para los narcos, la manera más común era simplemente mover todo en efectivo porque era más fácil de gastar y de usar para comprar bienes, propiedades. Para lavar dinero, dijo que una de las técnicas más innovadoras del narcotráfico era el uso de tarjetas pre pagadas. A diferencia del efectivo, éstas no absorbían residuos de droga y permitían —en cantidades de 100 a 200 dólares— cruzar la frontera en cajas de tarjetas que contenían millones de dólares sin ser detectadas. Otras tácticas efectivas eran contratar agentes cambiarios, aunque cobraban cuotas elevadas, y abrir compañías pantalla con prestanombres.

Cuando salió de la sala, el juez Cogan tenía mucho que decir. En primer lugar, venía un testigo cuya imagen no se había asociado nunca con su nombre. Su familia tal vez no sabía sobre su pasado criminal y su identidad debía permanecer protegida. El juez prohibió a las retratistas dibujar las facciones del testigo. Y, en un giro inesperado, dijo que Emma Coronel Aispuro debía volver a pasar por los detectores de metales antes del siguiente testimonio. Todos los ojos en la sala voltearon en su dirección. Estaba sentada junto a la abogada Colon Miro. Alguien vio a la esposa del acusado con un teléfono celular en el interior de la corte, en contra de todas las medidas de seguridad. La fiscalía le recordó al juez que era ilegal que se comunicara con su esposo. En la última semana del juicio sabríamos por qué.

El siguiente testigo entró y se sentó en el estrado silenciosamente. El Gordo o Tololoche era —en efecto— un hombre rechoncho y de baja estatura, mayor, completamente calvo, con una barba de candado gris. Traía un traje azul marino, camisa azul claro y una corbata roja con rayas azules diagonales. Usaba lentes que acentuaban su cara de preocupación. Martínez Martínez describió su experiencia laboral como empleado del Cártel de Sinaloa "una organización para traer drogas a Estados Unidos" de 1986 a 1998. Fue piloto para el cártel, después encargado de las relaciones con los colombianos, se ocupaba también del almacenamiento de las drogas y de realizar pagos. Lo llamaban Tololoche porque así lo apodó el acusado una vez que vio un violín grande en un restaurante francés de la Ciudad de México y al preguntar por el nombre del instrumento "volteó y me dijo, ése eres tú", recordó Martínez Martínez. Del otro lado de la sala, El Chapo lo veía inexpresivo, con los brazos cruzados, vistiendo su traje gris con camisa beige y el cuello abierto donde había estado una corbata que no regresó del descanso con él.

El Tololoche era el testigo que consumió tanta cocaína que casi se le cae la nariz, según las pistas que había ofrecido Lichtman en sus alegatos iniciales. Y, aunque su nariz se veía en perfecto estado, el testigo lo corroboró. De 1987 a 1995 consumió cuatro gramos de cocaína diaria hasta que se le perforó el tabique y le tuvieron que poner un implante de cartílago. En esos días cargaba su cocaína en botecitos de cristal con cucharas. Incluso se mandó a hacer uno de oro.

"Conocí muchísimas veces en persona al señor Guzmán", dijo El Tololoche cuando le preguntó el fiscal Michael Robotti, sobre su relación. Así como para El Rey, el acusado fue siempre "su compa Chapo", para Martínez Martínez era el señor Guzmán. A través de cada testigo y la manera en la que se referían a Guzmán Loera, se iba dibujando el tipo de relación que tuvieron los narcos con él. Veíamos fragmentos del trato con sus diferentes empleados y el nivel de autoridad que tenía sobre cada uno de ellos. Los testigos no sólo dejaban claro su propio rango en el cártel, también ofrecían diferentes facetas del hombre inexpresivo sentado en la mesa de la defensa, incómodo con una corbata que le resultaba ajena y rodeado de abogados estadounidenses que normalmente cobraban millones de dólares.

El testigo era originario de Celaya, Guanajuato, tenía una educación de nivel preparatoria e inspiraba una especie de lástima con sus cachetes bofos, respuestas sumisas y carácter servil. El fiscal Robotti, por su lado, le hacía justicia a su apellido. Graduado en la Escuela de Derecho de la Universidad de Nueva York, con sus casi 2 metros de altura, cara adusta, lentes de pasta negros y peinado engomado a la perfección, aburría profundamente a todos los presentes con su estilo rígido y robótico para interrogar.

El Gordo entró en contacto con Guzmán Loera en 1986, cuando un conocido de Celaya, Martín Moreno —allegado del Chapo— se enteró de que Martínez Martínez contrabandeaba electrodomésticos de Estados Unidos a México usando una pista clandestina. Ese contacto le ofreció hacer un vuelo para traer tres toneladas de mariguana de Colombia por 25 mil dólares. Aceptó, pero fracasó en la misión.

Veinte días después, a principios de enero, lo invitaron a conocer al Chapo. Después de un viaje en camión a Guadalajara, Alberto Araujo, un guardaespaldas del acusado, lo llevó hasta la casa donde estaba Guzmán Loera. En esa reunión, El Chapo le ofreció regresar a Colombia, pero ahora por cocaína. Por el mismo precio, El Gordo accedió. El aterrizaje sería en una pista de Cumpa, Sonora. Ahí siempre los esperaban Arturo y Héctor Beltrán Leyva, socios y primos de Guzmán Loera.

Se fue a Colombia por segunda vez, ahora como guía de piloto. Manejando la aeronave estaba un piloto de cazas F-5 de la marina estadounidense. Aterrizaron en una pista clandestina cerca de Bogotá, según recordó el testigo, donde la gente movía al ganado para que el avión pudiera bajar. Una vez con la carga de 1,470 kilogramos de cocaína, volaron de regreso. Antes de llegar a Cumpa, el avión se quedó sin gasolina, pero el piloto gringo logró aterrizar segundos después de que los motores se apagaran. Al aterrizar, se averió parte del avión y ahí quedó, pero la cocaína se salvó, recordó El Tololoche.

Después de un par de viajes a Estados Unidos con Guzmán Loera, uno a Los Ángeles para negociar el envío de tres toneladas de mariguana y otro a Las Vegas para apostar, su carrera como piloto terminó. Estaba volando un avión para aterrizar en Durango, cuando El Chapo le cambió el destino a una pista pequeña en un pueblo de la sierra. Después de romper una hélice y recibir amenazas de muerte del guardaespaldas del acusado, Guzmán Loera le dijo, calmado, que era un piloto muy malo. Lo mandó a la Ciudad de México a abrir oficinas.

Abrió entre siete y ocho en diferentes colonias de la capital entre 1987 y 1993, donde se hacían pasar por abogados. La misión principal era hacerle los pagos a la policía para operar. El encargado de eso era el abogado Humberto Loira Castro. También recibían, empacaban, almacenaban y enviaban droga, así como dinero para cambiar de dólares a pesos y realizar pagos. El Gordo iba al banco en la capital, cargando maletas con fajos de billetes para depositar. No se le complicaba, con los regalos en efectivo que le hacía al ejecutivo de cuenta se habían vuelto buenos amigos. Así entraba el dinero en el sistema bancario sin problemas.

En esa época, el jefe de todos era El Azul, explicó el testigo. Desde donde vivía, en una celda del Reclusorio Preventivo Sur, dirigía todas las operaciones. Arturo y Héctor Beltrán Leyva, así como Héctor Luis El Güero Palma Salazar y El Chapo seguían sus instrucciones al pie de la letra. Guzmán Loera le mandaba el 30% de sus ganancias. Ahí en el reclusorio lo visitó Martínez Martínez entre cuatro y cinco veces. En esos años, el Cártel de Sinaloa tenía un total de 200 personas.

En 1987, recordó el testigo, Miguel Ángel Félix Gallardo —jefe y tío de los hermanos Arellano Félix— mandó matar a dos amigos de Guzmán Loera: Felipe Retromosa, El Lobo y

Armando López, El Rayo. Después mataron a la familia del Güero Palma, a su esposa y sus dos hijos, por ser del grupo del Chapo. Ante el aumento en la violencia por parte del Cártel de Tijuana, Guzmán Loera decidió ir a ver al Azul al Reclusorio Sur. En el camino escuchaban un corrido que El Chapo le mandó a hacer al Lobo. El precio de los corridos empezaba en 200 mil dólares. Martínez Martínez narraba estas escenas, decía que el acusado oía el corrido y mientras manejaba, lloraba. El Chapo, desde su silla, parecía una estatua, no movía un solo músculo.

Al reclusorio entraron después de los horarios de visita. Los guardias los recibieron, les abrieron las puertas y los guiaron hasta la celda de Juan José Esparrazoga. Adentro, después de elegir entre langosta, sirloin y codorniz, bebieron whisky y coñac, consumieron drogas y escucharon la música de un grupo musical que tocaba melodías de folclor mexicano. Los otros reos, pagados por El Azul, los atendían. El Chapo le pidió permiso a su jefe para vengar a sus amigos. Se desató la primera de las guerras que había enlistado, días antes, El Rey.

Dos o tres veces, Martínez Martínez fue a ver al Chapo a La Tuna, en Badiraguato. El Gordo hablaba del acusado con respeto y frialdad. Recordó que Guzmán Loera le contó cómo sacar heroína de la amapola, que con una navaja se cortaba el botón de la flor. Salía una especie de leche que juntaban poco a poco todas las mañanas. Después detalló quiénes habían sido sus clientes colombianos. En Medellín, estaban Fabio, Juan David y Jorge Luis Ochoa, Gonzalo Rodríguez, El Mexicano, Leónides Lagos y Fernando Galeano. Por parte del Cártel del Norte del Valle estaban Juan Carlos Ramírez Abadía, Chupeta, Miguel Rodríguez Orejuela y Diego Montoya. El colombiano apodado Mexicano volvería a aparecer. En ese entonces, los cárteles de Colombia se quedaban con

55% de las ganancias y Guzmán Loera con el 45% restante. La cocaína que en Colombia costaba 2 mil dólares, en Los Ángeles se vendía entre 12 y 16 mil dólares, en 25 mil dólares en Chicago y de 35 a 45 mil dólares en Nueva York.

Si les incautaban un envío, la manera en que El Chapo se lo comprobaba a los colombianos era usando reportes de la prensa donde se publicaban los decomisos. Era extraño estar sentada ahí y escuchar cómo los narcos utilizaban la información que nosotros y otros reporteros como nosotros habían generado en su momento.

Cuando Robotti le preguntó a Martínez Martínez cuáles eran algunas de las marcas de cocaína colombiana, el testigo enlistó: Reina, Piaget, Rolex, Rostrom, León, Pum, Oso. "¿Quiere más?" Añadió El Gordo. El Chapo, recordó, le había dicho una vez que "Reina" era la mejor cocaína que se había hecho en la historia.

Desde finales de los ochentas, Guzmán Loera se obsesionó con las comunicaciones. Sabía que podían estar intervenidas y usaban palabras clave. Fiesta significaba que trajeran aviones; vino, combustible; muchachas, aviones; camisa, cocaína y documentos, dinero. Ese sistema se usaba para hablar de los aterrizajes de los 10 aviones cargados con hasta 800 kilos de cocaína que llegaban de Colombia cada mes. Entre 1987 y 1990 recibieron entre 150 y 200 vuelos aterrizando en pistas donde Guzmán Loera ya tenía garantía de protección por la policía de Sonora, Sinaloa, Nayarit, Jalisco y Guanajuato. En su silla de los testigos, El Tololoche recordaba una pista en Culiacán rodeada de mangos, en las montañas, tenía tanta niebla que los pilotos no veían al aterrizar, pero bajaban de emergencia junto al océano, lograban rescatar la cocaína y los pilotos sobrevivían.

Para operar las pistas, uno de los policías que les daba protección era Guillermo González Calderoni, de la PGR.

La amistad entre González Calderoni y El Chapo había empezado en 1987 en Guadalajara, cuando el funcionario era director de PGR en la capital de Jalisco. Guzmán Loera le mandaba 10 millones de dólares por viaje en jets privados a Reynosa, Tamaulipas, a cambio de información. En la guerra contra los Arellano Félix, liderados por su tío Miguel Ángel Félix Gallardo, toda la información era valiosa, por eso los pagos —entregados por Humberto Loira Castro— también iban a otros policías. Años después, en 2003, González Calderoni moriría asesinado a tiros en McAllen, Texas.

Tan consciente estaba Guzmán Loera de la importancia de la información y las comunicaciones, que tenía a un hombre encargado de eso: Manuel Trillo. La tecnología que utilizaba en los noventas para evitar intercepciones consistía en *scramblers* para teléfonos, que se ponían sobre el auricular (antes de que hubiera celulares) y se esperaba a que se prendiera una luz para hablar. La luz indicaba que el número de llamada aparecía como uno diferente y era imposible rastrearlo. También clonaban teléfonos, interceptaba llamadas de amigos, enemigos, familiares y novias. Tenían plumas y calculadoras con transmisores. Esto, según el testigo, lo hizo muy eficiente para saber qué sabía quién, cuándo entraban y salían de las ciudades y quién le quería hacer daño. Dijo también que El Chapo le había explicado que lo más importante en su negocio era saber lo que todo el mundo pensaba de él.

Además de utilizar aviones para importar cocaína de Colombia, el Cártel de Sinaloa utilizaba barcos atuneros, mercantiles, tiburoneros y camaroneros que desembarcaban en Mazatlán y Nayarit. Entre 1991 y 1993, cada mes llegaba un barco con hasta 14 toneladas de cocaína. El Chapo tenía ranchos en todos los estados del país, dijo Tololoche. Le gustaba esperar los envíos de coca a la hora del atardecer. Cuando el barco estaba a dos millas del rancho, mandaba lanchas Zodiac a recoger la cocaína en la playa, ordenaba que movieran la droga en camionetas y la mandaba almacenar, explicaba El Gordo. En esa temporada importaban hasta 30 toneladas al año. Juan Carlos Ramírez Abadía, Chupeta y Miguel Rodríguez Orejuela, fascinados con la eficiencia del Chapo que batía tiempos récord, le mandaban cada vez más.

Chupeta era un hombre muy bien vestido, bien preparado, con educación, con el pelo siempre muy cortito y muy joven, recordó Martínez Martínez. Escasos días después, ese mismo hombre con la cara desfigurada tal vez más que la consciencia, entraría por la puerta a sentarse en ese mismo lugar. El Tololoche lo conoció en varias reuniones en la Ciudad de México y Colombia, a principios de los noventas. Chupeta siempre tenía un trabajador en la Ciudad de México quien le informaba lo que sucedía. Mandaba el mayor número de cargas posibles al año porque sabía que Guzmán Loera las podía cruzar, dijo El Gordo.

Al día siguiente, un martes, El Chapo llevaba un traje gris con una camisa azul de cuello blanco y una corbata vino. Emma Coronel le compraba la ropa y se la daba a sus abogados para que se la hicieran llegar. Desde su extradición a principios de 2017, Guzmán Loera había estado preso en el Centro Correccional Metropolitano, en la parte sur de Manhattan. Trasladarlo a la corte de Brooklyn cada lunes y regresarlo cada jueves requería un operativo de seguridad ostentoso que paralizaba el tránsito de la ciudad por el Puente de Brooklyn. Se decía que El Chapo dormía en una celda provisional del quinto piso del edificio de la corte entre semana. Cuando terminaba la sesión del día y los alguaciles federales lo sacaban por la puerta de atrás, los reporteros bajábamos al piso seis a escribir la nota de la jornada. Durante esos días siempre pensaba si El Chapo estaría inmediatamente debajo, sentado en su celda temporal mientras nosotros tecleábamos las historias de su vida.

Ese martes 27 de noviembre de 2018, Emma Coronel llevaba leggins de mezclilla, un saco negro y flats. Durante un descanso, dejó el saco sobre la banca y alcancé a ver la etiqueta. Era de Zara. A veces, la esposa del narcotraficante más famoso del mundo, se vestía como el resto de nosotros.

Ese día el fiscal Robotti se encargó de que Martínez Martínez narrara una de las historias que los agentes del orden habían explicado, pero desde la perspectiva del cártel. El túnel de Agua Prieta, Sonora, a Douglas, Arizona, lo había construido el arquitecto Felipe Corona y Francisco Camarena era el encargado de administrar el tráfico de cocaína que pasaba por ahí: era 95% de lo que traficaba el cártel en ese entonces, hasta 30 toneladas por año. Además de túneles con sistemas hidráulicos, Felipe Corona le construyó otras cosas al Chapo. Tenía clavos (compartimentos secretos) para guardar droga y dinero en sus casas. En algunas se levantaban las camas de los cuartos principales con un switch de los apagadores y abajo tenían cuartos secretos con escaleras y cajas fuertes. A Camarena no lo atraparon porque Calderoni le había avisado a tiempo que los gringos iban en camino.

Martínez Martínez estaba en la inauguración de una iglesia que El Chapo le había construido a su mamá cuando se enteraron de que habían arrestado al hermano de Guzmán Loera, Arturo, "El Pollo", en la frontera, con millones de dólares en efectivo. Era la historia del agente Michael Humphries, desde la visión de los narcos. Arturo estaba cruzando el dinero de la droga de regreso a México para lavarlo y reinvertirlo en cocaína.

Las latas de chile *La Comadre*, que había presentado Thomas Lenox, eran parte de una operación que duró entre dos y tres años a cargo de Enrique Ávalos y José Reynoso. En una bodega en México empacaban los chiles en algunas latas y en otras metían una combinación de cocaína con arenilla y grava para que dieran el peso marcado en la etiqueta y se sintiera como el vinagre de los chiles al moverlas. El nombre de la empresa, curiosamente, no había sido idea de los narcos. Ellos sólo la habían comprado porque era una empresa real, registrada ante y autorizada por las autoridades estadounidenses para la importación de chiles. Arriba y a los lados de las latas de cocaína, ponían latas con chiles reales. Importaban hasta 30 toneladas de cocaína por este método al año, recordó El Tololoche mientras sostenía entre sus manos, como abrazándola, una de las míticas latas de alrededor de 30 centímetros de alto de los chiles *La Comadre*, presentada como evidencia. Movían los cargamentos en un camión con placas "777", inspirados en el personaje de Cantinflas de la película *El patrullero 777*. En los *palets* donde iban las latas con cocaína, ponían una tachuela para identificarlas. Una vez en Los Ángeles, Alfredo Vázquez, un aficionado a las peleas de gallos, recibía la cocaína y la distribuía.

Para 1993, El Chapo tenía un grupo de 100 pistoleros armados con rifles R15, AK-47, M16, chalecos antibalas, granadas, coches blindados, gases lacrimógenos y pistolas. Se coordinaba con Héctor Luis, El Güero Palma Salazar para compartir pistoleros y obtener información de la policía. Barbarino era el encargado de matar a todos los que El Chapo le señalara. Cada mes, el acusado compraba armas de Estados Unidos y una vez incluso compró de Pakistán. El Gordo llegó a guardar 100 cuernos de chivo en una bodega de Guadalajara. Cuando El Chapo hablaba de violencia, tenía un dicho, según Martínez Martínez: "O llora tu mamá o llora la mamá de ellos."

Con ese equipo de pistoleros intentó matar a Ramón Arellano Félix en la Discoteca Christine de Puerto Vallarta. Esto ya lo había contado El Rey. Los eventos eran públicos y conocidos desde hacía décadas en México. Incluso salía en la serie de Netflix de El Chapo. Pero una cosa era oír lo que decía la gente o ver una serie basada en hechos reales, y otra muy diferente escucharlo de quien estuvo directamente involucrado todos esos años de operaciones delictivas con El Chapo, bajo juramento, en la corte estadounidense. Todo mientras su amigo o jefe, al que estaba traicionando, lo veía con la mirada fría desde su mesa rodeado de abogados.

1993 no fue un buen año para El Chapo. Le incautaron siete toneladas de cocaína en latas de chile *La Comadre* el 21 de abril en Tecate, por mandar un cargamento de cocaína con demasiada droga, y finalmente lo arrestaron en Guatemala.

Una vez preso en el Altiplano, El Chapo le pidió al Gordo que cuidara de su familia. En ese entonces, a Guzmán Loera sus amigos le conocían tres esposas: Estela Peña, cuyo hermano Marcelo había trabajado para El Chapo; Griselda, con quien tenía cuatro hijos: Edgar, Joaquín, Ovidio y una niña, y Alejandrina, con quien tenía otros cuatro: César, Archivaldo, Alfredo y otra niña. En ese entonces Emma Coronel, sentada ese día en la sala 8D escuchando el testimonio de alguien a quien seguramente nunca conoció, tenía entre tres y cuatro años. El Tololoche se encargó de cuidar a Griselda y su familia. De 1993 a 1999, vivieron en una casa de Martínez Martínez, quien les daba dinero, coches y "todo lo que necesitaran".

Ante el fracaso de la ruta de los chiles *La Comadre*, el cártel empezó a incursionar en la importación de aceite vegetal. Agroindustrias Unidas era una compañía que usaban para llevar cocaína dentro de los tanques del tren hasta Estados Unidos. El plan había sido diseñado con Enrique Ávalos, un trabajador del cártel que vivía en Los Ángeles. Sus empleados Norberto Guzmán y Manuel Treviño Soto, abrieron la compañía.

Tras la incautación de chiles y el cierre de la ruta, en 1994, Ávalos le contó al testigo que un amigo suyo había comprado una lata de chiles en una tienda de Los Ángeles y adentro había encontrado 16 kilos de cocaína. Eran de otros narcos, de la marca Trébol, que les habían copiado el sistema. El amigo se regresó a comprar todos los chiles de la tienda.

Con El Chapo en la cárcel, El Gordo necesitaba trabajar para alguien más. Explicó que los Beltrán Leyva no lo aceptaron y pidió permiso a Guzmán Loera para trabajar con El Güero Palma. Cuando Robotti le preguntó por qué pidió permiso, el testigo respondió que consideraba al Chapo su patrón. A lo largo del juicio se perdieron muchas sutilezas y detalles culturales por las complicaciones de la traducción simultánea por parte de intérpretes de diferentes países latinoamericanos. Pero había ciertas cosas que varios de los mexicanos presentes podíamos rescatar. Llamarle patrón al Chapo evidenció de inmediato la jerarquía de su relación con el acusado. Ésta iba más allá de la autoridad de un escalafón común y corriente. Patrón implicaba, irremediablemente, una deferencia mayor, casi servil. El Rey jamás se refirió al Chapo así. Tampoco lo hicieron ninguno de los testigos que faltaban por venir.

Salido de Celaya, Guanajuato, El Gordo llegó a conocer decenas de países en la vida de lujo que llevó. Después de todo, a principios de los noventas, "el tráfico de cocaína era el mejor negocio del mundo, porque se agarró el boom cocainero", explicó el testigo. Uno de esos viajes fue a Tailandia, donde él y Martín Moreno fueron a una reunión para organizar la importación de heroína blanca desde el país asiático. De regreso, agentes encubiertos de la DEA los identificaron en el vuelo y los arrestaron al aterrizar. Una vez bajo la custodia de la PGR los dejaron ir, al enterarse de que eran "gente de Joaquín". Al resto de los involucrados, incluyendo el distribuidor potencial de la heroína en Texas y a los proveedores tailandeses, sí los arrestaron.

Antes de su arresto definitivo en 1998, El Tololoche viajó a Brasil, Aruba, Argentina, todo Europa, Japón, Hong Kong, Tailandia, Perú, Cuba, Colombia, Panamá, Australia y Macau. Algunas veces viajaba por trabajo y otras por placer. En una ocasión, con El Chapo, fue a Suiza a visitar una clínica donde realizaban un tratamiento de células madre para no envejecer. En Guadalajara, El Chapo tenía una finca con casas, un zoológico y un trenecito. Martínez Martínez llegó a ganar 3 millones de dólares con Guzmán Loera. Estuvo con él en su casa valuada en 10 millones de dólares en Acapulco, donde tenía un yate de nombre El Chapito. El acusado le regaló un Rolex con brillantes y compró 50 Thunderbirds, Buicks y Cougars para obsequiarle a sus demás empleados en Navidad.

En 2001, cuando El Gordo llevaba tres años en la cárcel, se enteró de que El Chapo se había fugado de Puente Grande. Y cuando le llegó la orden de extradición, la peleó "como gato boca arriba". La frase nos hizo sonreír a los mexicanos, pero la espontaneidad de su respuesta se perdió en la traducción simultánea, causando confusión entre los miembros del jurado que escuchaban risas sin saber por qué. El Tololoche incluso intentó corromper a los jueces con 500 mil dólares. Sin más dinero, todo lo que tenía se lo había gastado cuidando a Griselda y a los hijos del Chapo, no pudo hacer nada.

Fue de los primeros mexicanos extraditados tras la aprobación del Protocolo al Tratado de Extradición entre los Estados Unidos Mexicanos y los Estados Unidos de América. En Estados Unidos lo sentenciaron a 18 años de cárcel, pero salió en seis, en 2007, después de su colaboración con el gobierno. Desde entonces, Miguel Ángel Martínez Martínez se convirtió en un testigo protegido con identidad secreta y la obligación, por el resto de su vida, de acudir a la corte a testificar cada vez que el gobierno de Estados Unidos lo requiera.

El Tololoche tiene problemas para dormir. O al menos eso dijo en su testimonio cuando le preguntaron por qué había buscado atención psicológica. Cuando conoció a Juan José Esparragoza, El Azul, en el Reclusorio Preventivo Sur, probablemente no se imaginó que él terminaría en la misma cárcel. En ese día de los ochentas, mientras disfrutaban de una fiesta con un bufet de comida y bebida de lujo, mucho menos aún se imaginó que casi 10 años después, un asesino a sueldo lanzaría dos granadas en su celda para matarlo.

La primera vez que quisieron asesinarlo fue en 1998, en el Reclusorio Preventivo Oriente, 15 días después de firmar los poderes de las propiedades que le presentaron los abogados del Chapo. Tres sujetos entraron a la prisión y le dieron siete puñaladas, con un bate intentaron golpearlo, pero éste se rompió cuando el Tololoche se defendió. Quedó con un pulmón perforado convaleciendo en la enfermería, pero sobrevivió. Después de una operación y 15 días de recuperación, lo regresaron a su celda, donde oía como afilaban cuchillos toda la noche. Tres meses después estaba caminando para usar el teléfono cuando lo agarraron por atrás y le dieron otras seis puñaladas, perforándole el pulmón nuevamente y, esta vez, también el páncreas. Tras otra operación y días de convalecencia, lo transfirieron al Reclusorio Preventivo Sur, donde había ido una década antes a visitar al Azul. En la pantalla de la corte se proyectaban fotos de las cicatrices en el cuerpo de Miguel Ángel Martínez Martínez 20 años después. Una mostraba una rasgadura larga al frente de su torso y otras dos más pequeñas, en otra se veían las marcas al costado izquierdo de su cintura, en otra más se veía su cara con cicatrices arriba del labio, bajo su ojo, en el entrecejo y sobre el ojo izquierdo.

Cuando llegó al Reclusorio Preventivo Sur, lo primero que le preguntaron los reos era de qué número calzaba. Robotti, que conocía la respuesta, le preguntó por qué, para que el jurado la oyera: "Porque ya era hombre muerto", explicó "y querían ver quién se iba a quedar con mis zapatos". Esa noche del año 2000 lo apuñalaron en la cara y, al sobrevivir, lo mandaron a la zona de asilamiento, donde sucedió el cuarto atentado contra su vida. La noche anterior al cuarto ataque, afuera del reclusorio, El Tololoche escuchaba una banda de viento. Estaba tocando una canción que le gustaba mucho al señor Guzmán, recordó, y la empezaron a tocar una y otra vez… hasta 20 veces. Era un corrido que hablaba de vivir intensamente, que al morir no te llevabas nada más que un puño de tierra. A la mañana siguiente, un hombre aventaría dos granadas a su celda mientras un helicóptero sobrevolaba la prisión. Martínez Martínez, vio al atacante desde un espejito al interior de su celda, se salvó aventándose "cabeza pa' trás" hacia el baño, donde había una bardita que lo protegió de las explosiones.

La misma noche de su testimonio en el juicio contra Guzmán Loera, desde algún lugar de Nueva York, Eduardo Balarezo, tuiteó una liga al corrido descrito por El Tololoche. "Ramón Ayala - Un Puño de Tierra", decía el tuit. Ésta no era su primera publicación relacionada con el juicio. Anteriormente Balarezo había tuiteado sus sospechas sobre la muerte de Héctor Beltrán Leyva en el Altiplano, incluso comentarios chuscos sobre la estatuilla de Jesús Malverde, que llevaban al cuarto de conferencias de los abogados. Era excéntrico, Balarezo, llevaba incluso una funda de celular con la cara de su cliente dibujada en ella. "CHAPO" leía debajo.

Los tuits tuvieron como respuesta una moción de la fiscalía, solicitando la amonestación del abogado por interferir con un proceso de juicio justo. Las tensiones entre el equipo de la defensa y la fiscalía aumentaban. Desde los alegatos iniciales de Jeffrey Litchman, la fiscalía había presentado mociones para limitar el uso de evidencia que los abogados de Guzmán Loera pretendían usar para comprobar la corrupción gubernamental en las esferas más altas de la política mexicana.

El 28 de noviembre de 2018, empezó el contrainterrogatorio dirigido por William Purpura. El abogado le preguntó a Martínez Martínez sobre el tiempo que cuidó a la familia del Chapo. En total fueron cinco años, de 1993 a 1998, respondió el testigo. En esos años, específicamente en 1995, El Tololoche trabajaba para El Güero Palma, quien tuvo un accidente aéreo. Martínez Martínez tenía la póliza del seguro del avión y la cobró por 1 millón de dólares. Después de eso, la gente del Güero Palma lo llevó a una montaña, donde lo amenazaron de muerte si no les pagaba el doble. Después estarían presos en la misma cárcel, esperando su extradición. Purpura insinuaba que El Güero Palma tenía tantas o más razones para mandarlo matar.

En 2006, en un caso en Arizona, El Tololoche confesó que no sabía por qué El Chapo lo había mandado matar. "Usted odia a Joaquín Guzmán, ¿no es así?" le preguntó Purpura. El testigo dijo que sí. "¿Lo suficiente para mentir sobre él?" indagó el abogado. "Sí", respondió rápida y fríamente el testigo, claramente enojado, desde su asiento donde había visto las fotos de todas sus cicatrices años después de los ataques para asesinarlo, proyectadas en una pantalla junto al Chapo Guzmán.

Salimos a un descanso. En el piso ocho había un baño para hombres y uno para mujeres junto a un bebedero de agua filtrada. En el de mujeres había sólo tres retretes, por lo que se hacía una pequeña fila al interior. Adentro, ese día, esperé en la fila detrás de Andrea Golbarg, una de las principales fiscales en el caso, quien esperaba —a su vez— detrás de Emma Coronel Aispuro. No importaba quién fueras en la corte federal de Nueva York, todas usábamos el mismo baño.

Purpura regresó del descanso con un sobrecito amarillo de *Splenda* en las manos. Lo golpeaba con un dedo mientras se acercaba al podio con el proyector para reiniciar el contrainterrogatorio. "Usted inhaló 4 gramos de cocaína al día durante 15 años, ¿no es así?" Le preguntó al testigo. Tan pronto El Tololoche lo confirmó, el abogado sacó su sobre de *Splenda* y explicó que contenía 1 gramo. Sobre la base del aparato, lentamente vertió el polvo blanco del edulcorante formando un montículo que se proyectó al interior de la sala 8D.

"¿Es un gramo?" le preguntó al testigo, quien asintió.

"Parece mucho, ¿no?" dijo Purpura desde el otro extremo de la sala. Martínez Martínez, con una mirada gélida, asintió nuevamente.

"Usted tomaba 4 gramos durante 365 días al año… eso es 1,460 gramos al año, ¿no? ¿Consumía casi 1.5 kilos de cocaína al año?", agregó Purpura. En una de las sillas reservada para los alguaciles federales, la esposa del testigo escuchaba atenta todo lo que pasaba. Con el cabello rubio castaño, lacio, hasta los hombros y una mirada paciente, la mujer ya mayor pasó tres días escuchando sobre el turbio pasado de su esposo.

Antes del contrainterrogatorio al Tololoche, la fiscalía intentó evitar que el abogado de la defensa utilizara el polvo blanco del *Splenda* para demostrar cuánto era un gramo, pero el juez Cogan permitió que Purpura utilizara el sobrecito. La fiscalía también presentó una moción para sancionar al equipo de abogados del Chapo después de que su esposa fuera vista al interior de la corte con el celular. En respuesta, los abogados de la defensa solicitaron entrar a la sala 8D con cafés, un privilegio que sólo se le había concedido al equipo de la fiscalía, aludiendo "un trato equitativo". Después la defensa presentó una carta firmada por cada uno de los abogados jurando que ellos no habían hecho mal uso de sus celulares y no se los habían prestado a Emma Coronel. Pero desde ese día, Mariel Colon Miro dejó de sentarse en la banca junto a la esposa del Chapo y pasó a sentarse directamente junto a Guzmán Loera, donde escribían notas en un bloc de hojas amarillas y cuchicheaban todo el día. Con Emma Coronel se reunía en la tarde, antes de salir a la calle, cuando terminaba la sesión.

A Miguel Ángel Martínez Martínez le siguieron, el 29 de noviembre de 2018, dos agentes de la guardia costera estadounidense y uno de la DEA. Testificaron sobre dos incautaciones de cocaína en el Pacífico, la primera, el 16 de septiembre de 2004, en Lina María, un bote con bandera de Camboya y tripulación colombiana. Al Lina María lo detuvieron en la costa de Ecuador con 11,981 kilogramos de cocaína escondidos en un compartimento secreto. La segunda incautación sucedió el 23 de septiembre de 2004 en el San José, un barco con bandera de Belice y tripulación colombiana con 10,480 kilogramos de cocaína. Ambos barcos llevaban cocaína con la marca "XTRA".

Lo único que podía seguirle al testimonio de incautaciones masivas de cocaína colombiana era el testimonio de Juan Carlos Ramírez Abadía, alias Chupeta. El narcotraficante del Cártel del Norte del Valle entró a la sala 8D estremeciendo a muchos de los presentes. La mayoría lo describía como escalofriante o espeluznante. El hombre, que conoció al Chapo en el lobby de un hotel de la Ciudad de México en 1990, confesó haber ordenado 150 asesinatos y traficado alrededor de 400,000 kilogramos de cocaína a los Estados Unidos. Se reuniría con Guzmán Loera otras nueve veces después de ese primer encuentro. El acusado resultó ser el traficante más rápido con el que había trabajado Chupeta, cobrando una cuota más alta por garantizar la velocidad en el cruce utilizando la ayuda de la Policía federal, no sólo como protección, también para cargar y descargar la droga de los aviones.

Tras cuatro cirugías plásticas para modificar su mandíbula, pómulos, ojos, boca, orejas y nariz, Chupeta parecía un espécimen entre reptil y humano. La cara, restirada a los lados, dejaba ver una piel rojiza con ojos deformes. El pelo gris, relamido hacia atrás hacía una combinación extraña con los guantes de tela azul que utilizaba por una condición médica. Con su uniforme de prisionero en la sala 8D, dijo que podía obtener una condena de 25 años por colaborar con la fiscalía. Entre sus crímenes estaba haber asesinado a balazos en la cara a un hombre en 2004 y traficar droga con el Cártel de Sinaloa a lo largo de casi 18 años. Cuando traficaban en las latas de chile, incluso le habían solicitado empacar la cocaína en forma cilíndrica —para que llegara bien y no tuvieran que maltratar el empaque— y no como ladrillo que era la costumbre.

Chupeta recordó una ocasión en la que la tripulación de un barco con 20 toneladas de cocaína aventó la droga por la borda. Lo que había mencionado de pasada El Rey. Estaban tan drogados que "vieron fantasmas" y alucinaron que los estaban persiguiendo. Después de tomar un avión a México para arreglar las cosas, Chupeta y los líderes del Cártel de Sinaloa mandaron buzos de profundidad a recuperar la carga. El narco colombiano también relató algunos de los envíos que le hizo al Cártel de Sinaloa, que en sus libros de contaduría estaba marcado como "Juanitas", "Lina María" y "San José". Dos de los envíos, de entre 3 mil y 12 mil kilogramos, se los incautaron, lo que Chupeta describió como una tragedia.

Durante el contrainterrogatorio dirigido por Purpura, Ramírez Abadía admitió haber pagado 45 mil dólares para matar a tres personas, cuyos nombres no recordó. También mandó matar a una familia entera en Nueva Jersey por traicionarlo, a una mujer que administraba una de sus bodegas en

Queens y a 36 miembros de la familia de Víctor Pitiño, otro líder del Cártel del Norte del Valle que empezó a cooperar con el gobierno estadounidense tras su extradición. El sicario favorito de Chupeta era Iván Urdinola, porque le gustaba matar con motosierra.

Después de hacer una cuenta rápida, Purpura señaló que, si lo sentenciaran a 25 años, le darían solamente dos meses por cada uno de sus 150 asesinatos. Chupeta opacó todo lo que habíamos considerado cínico o atemorizante. El narco, que fue arrestado con su novio en un bote en Brasil, sonrío mientras explicaba el significado de su apodo en español. Debido a las leyes de extradición de Brasil, la sentencia máxima que enfrentaba el colombiano en el momento de su testimonio era de 30 años.

Luego de dos días del testimonio del narcotraficante con apariencia completamente desfigurada, dos agentes de la DEA hablaron sobre un par de incautaciones de droga en Nueva York. Estaban preparando el terreno para uno de los siguientes testigos colaboradores.

El 5 de diciembre de 2018 la bandera afuera de la corte federal de Nueva York en Brooklyn ondeaba a media asta. Ni siquiera la muerte de George Bush padre podía hacer que el juez Cogan detuviera el juicio del siglo. Ese día, el doceavo del juicio, llegó Germán Rosero, alias El Barbas. El Tololoche ya había explicado que Chupeta siempre tenía una persona en la Ciudad de México supervisando las transacciones. Rosero era uno de esos hombres. Detalló y corroboró las transacciones descritas por Chupeta.

Para entonces llevábamos cuatro semanas de juicio. No sabíamos cuántas faltaban, el juez había estimado que el juicio duraría cuatro meses. Nos habíamos acostumbrado ya a una rutina, que no era tan emocionante pero todavía no se volvía tediosa.

Uno de los colaboradores cercanos a Guzmán Loera nos había narrado una vida de lujos y desenfreno financiado por el boom cocainero y los colombianos nos habían dado una idea del crecimiento exponencial del Cártel de Sinaloa a partir de las nuevas ideas de Guzmán Loera para traficar droga. Culpable o no, la tercera y cuarta semana del juicio habían probado que aquello que había publicado *Forbes*, describiendo al Chapo como un hombre que se abría camino por sus propios medios, no estaba lejos de la realidad. Aunque ese camino fuera traficar toneladas de cocaína en sociedad con un asesino sin remordimientos y dar inicio a una serie de guerras cruentas al interior del territorio nacional mientras él regalaba Buicks, Thunderbirds y Rolex a sus empleados. Algunos días del juicio eran más fáciles de digerir que otros. Y apenas íbamos a aprender cómo esa operación eficiente y veloz tomaría dimensiones exponenciales, desde Ecuador hasta Brooklyn, usando trenes, submarinos y concertando reuniones con guerrilleros de las FARC y funcionarios de Pemex. La aventura de la cobertura ya había iniciado y faltaba mucho para volverse aún más surreal.

LA DROGA LLEGÓ A BROOKLYN

Para los miembros del jurado en el juicio contra El Chapo, los eventos descritos en la sala 8D podrían ser completamente lejanos a su realidad. Los residentes de Brooklyn, Queens, Staten Island, Nassau o Suffolk, habían escuchado testimonios sobre sobornos al Secretario de Seguridad Pública de México, a generales en Guerrero y a policías judiciales. Tuvieron que escuchar detalles cruentos de asesinatos ordenados por capos de la droga en Colombia y México. Prestaron atención mientras testigos colaboradores de la fiscalía narraban las guerras entre cárteles mexicanos. Pero poco de lo relatado se acercaba a su realidad. Al menos hasta el 6 de diciembre de 2018.

Las siguientes semanas del juicio contra Guzmán Loera la fiscalía presentó los detalles de la expansión de ese cártel que había crecido como la espuma con la cocaína colombiana. A través de los testimonios de Tirso Martínez Sánchez, Jorge Milton Cifuentes Villa y Pedro Flores, la operación criminal tomó dimensiones que abarcaban todo el continente americano, abriendo rutas nuevas desde Ecuador, incursionando en transportes tan excéntricos como submarinos caseros y utilizando la logística de un par de gemelos nacidos en Chicago que trabajaban para El Chapo antes de volverse informantes del gobierno estadounidense.

El último día de la cuarta semana del juicio, la fiscalía llamó a cinco agentes del orden que pintaron un escenario mucho más cercano a las vidas de las 12 personas que decidieron el destino del sinaloense sentado en la mesa de la defensa, rodeado de sus tres abogados. Steven DeMayo, quien trabajó como gerente del programa nacional de investigaciones de narcóticos, narró el hallazgo de varias bodegas donde encontraron cocaína entre 2000 y 2003. La droga era enviada por trenes a cargo de Tirso Martínez Sánchez, alias El Centenario o El Futbolista, desde Ecatepec, Estado de México, hasta Nueva Jersey o Nueva York. De las cinco bodegas que se mostraron como evidencia, tres estaban en Brooklyn, Queens y Long Island, regiones de donde se eligió al jurado.

Tirso, El Futbolista, mandaba la cocaína en contenedores de doble fondo por tren, según había narrado en su testimonio El Rey Zambada. Una vez en Nueva Jersey o Nueva York, la droga se almacenaba en bodegas rentadas a nombre de Joseph Silva, uno de los muchos alias que José Gutiño Silva utilizaba en empresas denominadas Azteca Leather Inc., Sunshine State Ent y Four Queen Soybean Oil Inc. En días anteriores, Miguel Ángel Martínez Martínez ya había explicado que el Cártel de Sinaloa importaba cocaína a Los Ángeles en tren por medio de una compañía de aceite vegetal.

Los otros agentes de las fuerzas del orden incluyeron a Robert Johnson, agente de la DEA en El Paso, quien recordó una incautación de mariguana en 1999 en una bodega llena de cajas de zapatos de la marca *Robert Wayne*. Dentro de las cajas con diseño de tablero de ajedrez encontraron los paquetes de droga. Johnson arrestó a tres personas, Benjamin Harrow, Rodrigo Márquez y José Luis Lozano, quienes lo llevaron a seguirle la pista a Tirso Martínez Sánchez. A Johnson le siguieron Adrián Ibáñez, quien habría grabado llamadas de los gemelos Margarito y Pedro Flores en 2008, Krishma James, quien interceptó llamadas telefónicas del cártel y Todd Bagetis, un agente de la guardia costera que participó en el decomiso de un submarino repleto de paquetes de cocaína en 2008. Bagetis, quien testificó vistiendo su uniforme naval, dijo que encontrar ese navío fue algo que permanecería siempre en su memoria. Al cargar los paquetes de cocaína para sacarlos del compartimento donde estaban ocultos, Bagetis se lastimó la espalda, esto le ocasionó una lesión que 10 años después aún requería tratamiento constante. Después de descargar la cocaína, la guardia costera remolcó el navío casi sumergible, hasta Costa Rica, donde los esperaba un agente de la DEA.

Lentamente, las piezas del rompecabezas del tráfico internacional de drogas se unía en el juicio contra Guzmán Loera en la corte federal de Nueva York. Las pistas de los testigos colaboradores empezaban a embonar con los hallazgos relatados por los agentes del orden en Estados Unidos. Nombres de pila o alias se iban convirtiendo en identidades completas. Compañías aisladas y direcciones inconexas empezaban a trazar rutas de envío. Después de los testimonios parcos de los agentes de gobierno llegó el siguiente testigo colaborador. Ya habíamos oído su nombre, como tantos otros, en los testimonios del Rey y del Tololoche, cuando —de repente— se apareció en la corte. Era Tirso, el narcotraficante de los mil apodos.

Algunos lo conocían como El Mecánico, porque transportó cocaína y mariguana por tren. Otros le decían El Futbolista, porque con el dinero que ganaba traficando droga, compró equipos de fútbol, entre ellos uno en La Piedad, Michoacán; dos en Guanajuato: uno en León, otro en Irapuato; uno en Querétaro y a los Venados de Mérida. También había quiénes le llamaban El Centenario. Lo cierto es que Tirso Martínez Sánchez tenía muchos apodos, pero sin importar cómo lo conocieran, lo que él siempre quiso fue trabajar para El Chapo Guzmán. Traía un traje de prisionero azul marino con una playera gris de manga larga abajo. Cuando el fiscal Michael Robotti le preguntaba algo, contestaba enérgicamente, asintiendo con la cabeza. Su mirada era más bien resignada o desinteresada y su manera de responder no fue polémica ni testaruda, como sería la de los hermanos Cifuentes Villa.

Entre 1995 y 2003, el Cártel de Juárez (liderado por Amado Carrillo Fuentes, Vicente Carrillo Fuentes y Eduardo González, El Flaco Quirarte) trabajaba en sociedad con el Cártel de Sinaloa (liderado por El Chapo, El Mayo, El Azul, Nacho Coronel y los Beltrán Leyva).

Cada narco convertido en testigo tenía una historia diferente, un origen distinto y un camino único que los había llevado hasta Guzmán Loera. Tirso era tapatío, de Guadalajara, donde trabajó boleando zapatos y lavando coches en su infancia, hasta dejar la escuela a los 13 años para buscar suerte en Estados Unidos. Lo contaba como quien cuenta qué comió de desayuno. Cruzó al país vecino del norte sin papeles hasta 100 veces. En uno de esos cruces se quedó distribuyendo droga en Los Ángeles, tenía 18 años, eso fue en 1986. El Flaco Quirarte lo reclutó para trabajar en el Cártel de Juárez bajo las órdenes de Amado Carrillo Fuentes.

Mientras tanto, El Futbolista frecuentaba a Alfredo Vázquez en peleas de gallos. Vázquez era otro compadre del Chapo y Tirso pasaba tiempo con él haciendo méritos para llegar a trabajar con Guzmán Loera. Se conocieron en Guadalajara a principios de los noventas en los palenques o salidas a bailar. Vázquez le contaba sobre la operación de la droga en las latas de chile que salían de Jalisco a Los Ángeles.

Alfredo Vázquez se dedicaba, con Raúl Guzmán, a recibir la cocaína y distribuirla en las tiendas El Campeón, donde se vendían las latas de chile con cocaína en Los Ángeles. El trabajo de Guzmán duró poco, lo mataron cuando el plan de asesinar a Ramón Arellano Félix en la Discoteca Christine falló.

Años después de que Tirso se iniciara en el cártel, El Señor de los Cielos murió en la mesa de operaciones durante una cirugía plástica. Asustado por la muerte de su jefe, El Flaco Quirarte —prometiendo que nadie lo arrestaría— se dio un balazo en la cabeza. "Sobrevivió, pero perdió la memoria", recordó el Futbolista. Tras el suicidio frustrado, El Flaco Quirarte ya no trabajó más en el narcotráfico.

Era la quinta semana del juicio y las historias más irreales empezaban a parecer extrañamente normales. Así, Vicente, "El Viceroy", Carrillo Fuentes, hermano de Amado y antiguo jefe de sicarios en Ciudad Juárez, se volvió el empleador de Tirso. El Viceroy, ahijado del Mayo, le dio trabajo como transportista de droga por rutas de tren a Los Ángeles, Chicago y Nueva York. También debía distribuir droga en Chicago a través de sus trabajadores. La estructura del tráfico de droga por tren desde México a Estados Unidos, a finales de los noventas, se veía así:

En 2001, poco después de la fuga de Puente Grande, El Futbolista consiguió lo que siempre quiso: que Alfredo Vázquez lo presentara con El Chapo. La cita fue en un Sanborns de la Ciudad de México. Tirso y Vázquez esperaron a que El Pelón, un empleado de Guzmán Loera, pasara por ellos en coche. Cerca de la salida a Toluca les pusieron una capucha y los cambiaron del auto a una camioneta de carga. Diez minutos después estaban en una cabaña por la desviación a Toluca, en un terreno montañoso. Semanas antes, El Rey Zambada habría testificado que El Chapo se escondía en el rancho de Barbarino, en Villas del Carbón. En el segundo piso de la cabaña los esperaba El Chapo. Vázquez lo saludó con un abrazo y le presentó a Tirso como el encargado de la tura del tren. "Compadre —dijo El Chapo en respuesta—,

¿ya le contaste que yo fui el inventor de esa ruta?" Recordó Tirso cómo se jactaba el acusado de su creación.

A partir de entonces, Tirso hizo entre 18 y 20 envíos con dos toneladas de droga por tanque. La suma total de cocaína traficada en esa ruta fue de entre 40 y 50 toneladas, la mayoría a Nueva York, dándoles una ganancia de entre 500 y 800 millones de dólares.

Para explicar su método de envío, la fiscalía había preparado fotografías de los cochetanques que Tirso usaba como ejemplo mientras narraba. En los cochetanques había un compartimento secreto. Amarraban un anillo de metal y se iba soldando en partes por adentro de las orillas. Cortaban láminas de acero como rebanadas de naranja y lo armaban como rompecabezas. Ponían la droga al interior y soldaban otras láminas arriba y sellaban todo con una pasta líquida que, seca, parecía acero. Como parte de la operación, Leonardo Sánchez se encargaba de que el Cártel del Golfo no descubriera que estaban pasando droga por su plaza de Nuevo Laredo. Después Armando Corrales distribuía la droga en Chicago. Pasar droga por plaza ajena les causaría problemas otra vez.

En Estados Unidos vendían la droga en restaurantes como McDonald's y Burger King, y regresaban el dinero en compartimentos secretos dentro de coches, en aerolíneas comerciales o dentro de electrodomésticos.

En su carrera de narcotraficante, El Futbolista vio al Chapo y al Mayo dos veces, en ocasiones separadas. La segunda vez que se reunió con El Chapo, fue en La Marquesa, a las afueras de la Ciudad de México. Guzmán Loera llegó en cuatrimoto rodeado de sus hombres de seguridad y le dio 200 kilos de cocaína marcados con "888". El Chapo quería saber cuánto le cobraba Tirso por mandarlos a Estados Unidos en tren, pero El Mecánico le dijo que después se ponían de acuerdo. Si jugaban bien sus cartas, Vázquez y él harían muchos viajes más para desquitar esos 200 kilos de inversión. Y así fue, entre 2002 y 2003, Tirso ganó entre 15 y 25 millones de dólares. Gastó la mayoría apostando, comprando equipos de fútbol, caballos, autos y propiedades.

Cuando Vicente Carrillo se enteró de que El Mecánico se había reunido con El Chapo sin él, enfureció. ¿Qué tenía que estar haciendo con Patas Cortas? —así le decía a Guzmán Loera—, quería saber. Por temor a que Tirso lo saltara en el escalafón de la organización, le prohibió reunirse con Guzmán Loera. Si no estaba Vicente, Tirso tenía que coordinar los envíos con su hermano, Rodolfo Carrillo Fuentes. Juntos organizaron un par de envíos en 2002. A pesar de las amenazas del Viceroy, El Mecánico siguió transportando la droga del Chapo hacia Chicago, en varias ocasiones y en secreto.

Joaquín Guzmán Loera		Ismael Zambada García
Alfredo Vázquez		Vicente Carrillo Fuentes
	Tirso Martínez Sánchez **(encargado de la ruta de tren)**	
José Gutiño **(testaferro en Estados Unidos)**		Juan Bugarín **(testaferro en Estados Unidos)**

Al Mayo lo conoció y lo vio sólo dos veces, en 2001. La primera en Torreón, Coahuila, los recibió en una oficina de la segunda planta de un edificio. Ese día hablaron sobre la ruta hacia Nueva York. El Viceroy prometió que Tirso la tendría lista en un mes. La segunda reunión fue en la Ciudad de México, cinco meses después. El Rey y su esposa Paty lo llevaron a donde estaba El Mayo. En la reunión, El Mayo amenazó de muerte al Mecánico por cambiarle supuestamente 311 kilos de cocaína buena por cocaína mala. Tirso lo negó pero El

Mayo sacó una pistola que traía a la cintura y le apuntó en la frente. Lo dejó ir porque su ahijado, El Viceroy, lo quería vivo. "Era muy corajudo El Mayo", dijo Tirso. Y fue uno de esos corajes lo que hizo después darle la espalda a su ahijado Vicente. El Mayo se sentía traicionado y le dijo al Mecánico que tenía que escoger bandos en la guerra, o el de Vicente y Rodolfo Carrillo Fuentes o el del Chapo. Ya sabíamos el final de esta historia.

Vistiendo su uniforme de presidiario azul marino, Tirso explicó durante el juicio, con lujo de detalles, cómo les decomisaron tres bodegas entre 2000 y 2003: una en Chicago, una en Queens y una en Brooklyn. El investigador de narcóticos que le había seguido la pista al Futbolista durante años y dio con sus bodegas, Steven DeMayo, lo escuchaba sentado desde la última fila de la sala 8D. Había regresado después de su propio testimonio a ver cómo terminaba esa historia. Sentado en la banca de hasta atrás en una esquina, callado, trataba de pasar desapercibido.

Cuando Tirso habló de los asesinatos en los que había participado, su testimonio se basó en la historia de un Torombolo, un Calabaza, Santos, Sombrita y El Cuate. Si para los mexicanos presentes a veces era imposible seguir el hilo de las confesiones, para los estadounidenses que lo escuchaban a través de la traducción de una intérprete, cosas como ésa probablemente no tenían ningún sentido. En el juicio de Guzmán Loera no era raro escuchar que Sombrita, Torombolo, Gallito, Calabaza, Fantasma o Nariz participaban en levantones en plazas calientes o de dedos que merecían la muerte. Para entonces, los hispanohablantes sabíamos que esos eran sicarios secuestrando soplones en los terrenos disputados para el tráfico de drogas. Pero para los estadounidenses, miembros del jurado, había una capa cultural que, a pesar de las traducciones textuales, permanecía impenetrable e incomprensible.

El submundo del narco no sólo tenía su propio vocabulario, también operaba bajo una lógica muy particular. Por ejemplo, parecía gustarles mucho la cirugía plástica. Tirso se hizo tres operaciones, la primera en 2000 y la segunda en 2007, ambas para cambiarse la nariz y los ojos. La tercera, en 2011, era para cambiarse toda la cara, pero debido a que era hipertenso empezó a sangrar demasiado y el cirujano decidió parar, dejando al Futbolista con su misma cara, la que buscaban las autoridades de Estados Unidos.

Finalmente, Tirso dejó el trabajo de transportista de droga después de 2003 contra las indicaciones del Viceroy. Entre 2007 y 2008 realizó dos importaciones más de cocaína desde Panamá. Siete años después, el 2 de febrero de 2014, lo arrestaron en León, Guanajuato. Su extradición vendría después, en diciembre de 2015. Los días de apostar hasta 3 millones de dólares en peleas de gallos, comprar brillantes, relojes, casas y coches habían quedado atrás.

Conforme el juicio sobrepasaba el mes de audiencias, la adrenalina de todos los presentes bajaba. El juez Cogan tuvo que llamar la atención a algunos miembros del jurado, quienes dormitaban durante los testimonios. Había un hombre en particular, grandote y alto que se sentaba en una esquina y se metía mini donas enteras a la boca para despertar. La cantidad de reporteros cubriendo el caso había disminuido, podíamos llegar un poco más tarde a formarnos en la banqueta antes de las 7:00 de la mañana, y el estrés en las rutinas de seguridad había bajado. Incluso Balarezo y Lichtman parecían, a ratos, aburridos. Después del Mecánico, el de las rutas del tren, llegó un testigo que reanimó el ambiente. El primero de dos colombianos criados en la cuna de una familia de narcos que hablaría en el juicio: Jorge Milton Cifuentes Villa. Nos despertó a todos.

Jorge Milton llegó el 12 de diciembre de 2018. Tenía lentes sin armazón y llevaba el pelo a rape. Su papá se había dedicado al contrabando de whisky y cigarros en Colombia y él lo ayudaba desde niño. Entró a la sala 8D con su uniforme beige de prisionero, con la mirada calmada, indiferente. Su apodo en el Cártel de Sinaloa, dijo, era Simón. La referencia venía de la serie de televisión de Roger Moore, *El Santo*. El personaje era una especie de Robin Hood.

De las primeras cosas que contó fue del helicóptero que le regaló al Chapo, después de conocerlo en las montañas. Había pedido la reunión con Guzmán Loera en 2003 para averiguar quién había matado a su socio, Humberto Ojeda, y así asegurarse de que él podía trabajar en México sin riesgo. Le propuso al Chapo usar barcos atuneros porque podían estar hasta dos meses en altamar cerca de Colombia o Ecuador y cargarlos con cocaína para enviar a México.

El helicóptero era para que El Chapo se pudiera desplazar con seguridad con su familia. Era un MD500 Notar azul sin rotor de cola, esto le permitía dar vueltas en las montañas. En la foto que se proyectaba en la pantalla parecía una libélula gigante. Adam Fels, el fiscal que dirigía su interrogatorio le preguntó qué había opinado El Chapo del regalo. "¡Oh!", respondió Jorge Milton. "Se puso muy contento. Le brillaron los ojitos y me dio las gracias." Desde la mesa de la defensa el acusado escuchaba inexpresivo, como casi siempre, y la proyección de la foto de un helicóptero igual al que le habían regalado años atrás inundaba la sala. El fiscal leyó mal el número de la foto como cargo de evidencia al presentarla y fue Jorge Milton, desde el estrado de los testigos, el que se encargó de corregirlo. Fels y Jorge Milton desarrollaron una dinámica particular en el interrogatorio. Fels intentaba decir palabras en español sin acento. Jorge Milton se tomaba unos minutos para extender una mano frente a él y asentir, felicitándolo.

Fels quería saber por qué le decían a la cocaína "XT", Jorge Milton le respondía con sorna que llamarla solamente cocaína sería muy burdo.

Al poco tiempo de su reunión con El Chapo, el colombiano encontró las respuestas que buscaba. A su socio, Humberto Ojeda, alias El Robachivas, lo había matado El Mayo. "Si vuelve a nacer, lo vuelvo a matar", recordó Jorge Milton que así le dijo el asesino de su amigo. Pero como el problema no era por él, le permitieron trabajar, al final había crecido con los hijos del Mayo y lo consideraban parte de la familia.

Cinco años antes, un sicario del Mayo Zambada siguió al Robachivas a una gasolinera, donde le disparó más de 40 veces a su coche blindado. Adentro estaba su hijo Valentino. Uno de los balazos se escabulló por la cerradura de la puerta hasta el corazón de Ojeda. Antes de morir, el Robachivas logró manejar hasta su casa, a 30 metros de la gasolinera, donde su esposa salió para salvar al niño, que había quedado atrapado en el vehículo.

El fiscal Fels le preguntó sobre vuelos con cocaína. Los aviones, de fibra de carbón, que no detectaban los radares, salían de Colombia. Los despachaba el hermano mayor de Jorge Milton, Francisco Iván Cifuentes Villa, alias Pacho. De Colombia llegaban a Atizapán, a las afueras de la Ciudad de México, luego volaban a Zihuatanejo, cerca de Ixtapa, en la costa de Guerrero. Mandaban entre 350 y 400 kilos por envíos de 700 mil dólares. El dinero para esos envíos se lo daba Dámaso López Núñez y él se encargaba de que llegaran los pedidos. Uno de los vuelos piloteado por "el loco salvaje" se estrelló. Decidieron cambiar los aviones de fibra de carbón, que eran muy endebles, y en 2004 les decomisaron un envío a bordo de un King Air 200, saliendo de Guatemala. El método de los aviones llegó a un fin abrupto cuando en abril de 2007 mataron a Pacho en Colombia.

El 3 de mayo del mismo año, en un vuelo de Copa Airlines de Colombia a México, vía Panamá, Jorge Milton, el mexicano colombiano, se mudó a su segunda patria. Una vez en México buscó a la viuda de su amigo Robachivas, Laura Ávila Barraza. Su hermano menor, Alexander Hildebrando, también estaba en México convaleciendo de una cirugía de hepatitis necrótica. Para encontrarse con El Chapo, Jorge Milton se fue a las montañas del triángulo dorado. El Chapo le ayudaría a encontrar a los asesinos de Pacho y a cambio, Jorge Milton se iría a Ecuador para abrir una ruta de trasiego de cocaína desde Sudamérica hasta México, con el fin de ahorrarse a los intermediarios. Como garantía de su palabra, Jorge Milton le dejó en la sierra a su hermano menor, Alex. Para supervisar su trabajo, Guzmán Loera le mandó a su sobrino, Tomás. Y para guía de Tomás en Ecuador, estaba Jaime Alberto Rol Cifuentes, sobrino de Jorge Milton. "¿Jaime era hijo de Lucía?" Le preguntó Lichtman después, durante el contrainterrogatorio. "Sigue siendo, señor", respondió el testigo, sarcástico, como siempre, y sin expresión alguna.

En Ecuador, Jorge Milton alquiló bodegas usando a Jaime Rol como testaferro, compró vehículos, encontró a Juan Pablo Londoño, quien les ayudaría a lavar el dinero a través de Monedeux, una compañía de tarjetas pre pagadas con convenio con Visa y, más importante, consiguió al proveedor de cocaína: Gilberto García, alias El Político o Serpa, miembro de las Fuerzas Armadas Revolucionarias de Colombia (FARC). En una llamada que presentó Fels para que oyeran los miembros del jurado, se escuchó por primera vez la voz del acusado al interior de la sala 8D. En la llamada, Guzmán Loera negociaba con el miembro de las FARC, le proponía un precio más bajo de la cocaína que estaban por traficar.

La siguiente vez que Jorge Milton vio a su hermano Alex, no lo reconoció. Recordaba que parecía un "generalito".

Cuando dijo eso, todos en la sala nos reímos. En la pantalla se proyectaba una foto de Guzmán Loera vestido como militar, con un Alex Cifuentes joven, también de militar y una jovencita. Se veían alegres.

En esa visita a las montañas Jorge Milton encontró a su hermano, que había dejado como garantía, dando órdenes sobre dónde poner las cosas y a quién mandar en motos a qué lugar. Se había vuelto un hombre de confianza de Guzmán Loera. En uno de esos encuentros, narró Jorge Milton, se reunieron con unos señores de Pemex, uno de ellos de nombre Alfonso Acosta. También estaban Vicente Zambada Niebla, el hijo del Mayo, Dámaso López Núñez, Iván y Archivaldo, hijos de Guzmán Loera, y El Chapo. La reunión era para usar buques de Pemex para transportar cocaína de Ecuador a la costa del Pacífico, en México. Pero nunca lo hicieron. En vez de usar barcos de Pemex, el Cártel de Sinaloa utilizó botes tiburoneros de Perú. El plan funcionaba así: la cocaína la proveía El Político; después un capitán del ejército ecuatoriano, Telmo Castro, alias El Capi o El Carpintero, movía la cocaína de Colombia a Ecuador, hasta las bodegas de Jorge Milton, en camionetas del ejército ecuatoriano. Una vez en las bodegas de Quito y Guayaquil, se empaquetaba, se marcaba y sacaban la mercancía en lanchas rápidas hasta llegar a los barcos tiburoneros. El esquema les funcionó una vez en 2008, cuando lograron importar seis toneladas de cocaína. Después perdieron otras seis en una incautación en 2009 y otras ocho toneladas a finales del mismo año.

Para lavar el dinero después del tráfico de cocaína, además de Juan Pablo Londoño, también participaban Shimon Yalin Yelinek alias El Goliat o El Judío, Juan Ramón Zapata y El Gordo Mangueras. Jorge Milton hablaba también de un Enrique, cuyo apellido no recordaba, que les ayudaba con el tráfico desde Honduras. Era difícil decidir qué nombres resultarían relevantes y cuáles no. En el mar de información que era el juicio, un Enrique podría ser un actor crucial o un absoluto don nadie. Otra persona sin apellido que trabajó para ellos fue un ingeniero en sistemas que le presentó su hermana Dolly Cifuentes Villa. Se llamaba Christian. Al igual que Enrique, en ese momento Christian parecía un nombre más en una lista interminable de socios, criminales, compadres y familiares, pero semanas después ambos volverían a relucir. Christian, en particular: se convertiría en clave fundamental del juicio y más pronto de lo que creíamos representaría el principio del fin del Chapo Guzmán.

"¿No le gusta lastimar a la gente?" Le preguntó Jeffrey Lichtman a Jorge Milton Cifuentes Villa durante el contrainterrogatorio del testigo, una vez que el interrogatorio directo por parte del fiscal Fels había terminado. Lichtman estaba confundido. Esperó la respuesta. Jorge Milton acababa de explicar que había arrojado una arepa rociada con cianuro por las barras de la cárcel de Bellavista en Medellín, después de que Fernando Lopera no la tomara. El testigo, en 1984, había accedido a asesinar a Lopera por encargo de Gonzalo Rodríguez Gacha, alias El Mexicano, por 15 millones de pesos colombianos. Tenía 18 años. Ese narco de Medellín con el que trataba El Tololoche había hecho el encargo, entonces Cifuentes Villa era apenas un adolescente. Pero Lopera no tomó la arepa que Jorge Milton preparó con veneno y éste decidió aventarla al exterior antes de que alguien la comiera por error. Después de una larga pausa, el testigo respondió: "No a personas que no están en mi línea de ataque."

Intentaría asesinar a Lopera después, lanzándole una granada, pero tampoco lo mató. Los registros de su estancia en la cárcel no aparecerán nunca, ya que el testigo pagó a funcionarios colombianos para que eliminaran esos documentos, así como las huellas dactilares asociadas a su nombre. A Jorge Milton Cifuentes Villa le gustaba tener la razón. Admitía sin tapujos sus actividades criminales —siempre y cuando no tuvieran imprecisiones.

"¿Es cierto que usted es criminal desde niño?", preguntó Lichtman. "Es correcto, señor", respondió Jorge Milton con calma. El colombiano narró que era el segundo más chico de una familia muy pobre y numerosa, y que de niños dormían hasta siete en una misma cama matrimonial. Narró también que la pobreza no duró para siempre.

Después de trabajar una temporada en Ciudad Victoria, tratando de robar la ruta de tráfico por Tamaulipas a otro cártel, se integró a Arturo Cuellar, comandante de la policía que controlaba la ruta de tráfico en ese estado entre 1989 y 1990. A principios de los noventas se compró una casa de 4 millones de dólares (no de 2.2 millones como creía la defensa) en Key Brisbane, Florida. Ganaba entre 1 y 2 millones de dólares al mes. Su estancia en Estados Unidos terminó después de un arresto.

Logró evadir la prisión en Texas, después de que lo detuvieron por lavado de dinero. Cuando lo sometieron a una prueba de caligrafía para corroborar que los libros de contaduría del tráfico de cocaína que habían encontrado en la casa de su socio "Willy", en Houston, estaban hechos por él, escribió con la mano izquierda fingiendo ser zurdo. Lo liberaron. Después de su roce con la justicia en Texas, Jorge Milton viajó a Ginebra en 2001 con su hermano Alex y Shimon Yelinek. En ese viaje compraron tres Rolex, los arrestaron 14 días y lograron salir para dirigirse a París, vía Montreal, para concretar "un negocio" de 15 toneladas de hachís.

La familia Cifuentes Villa era numerosa. Fueron nueve hijos en total. La madre del testigo, Carlina Villa, era parte del negocio familiar de narcotráfico. Su hermana Dolly también, igual sus hermanos Fernando, Alexander y Francisco

Iván o Pacho. Pero dentro de todo, era una familia normal, con sus problemas y chismes, dijo el testigo. Uno de los chismes fue cuando su hermano Alex mandó matar a su sobrino Jaime Alberto Rol porque éste organizó el secuestro de la abuela Carlina.

"José Luis García Martínez, usted usaba este nombre falso en Texas, ¿cierto?" preguntó el abogado de la defensa, cansado por las incesantes correciones de un testigo prácticamente imposible.

"No, señor", respondió Jorge Milton. Lichtman pausó. Confundido, volteó a ver los papeles en sus manos que comprobaban este hecho.

"Era José Luis García *Ramírez*, señor", precisó el testigo, indicando con rigor el apellido correcto de su falsa identidad.

Al criminal, obsesivo con los detalles, lo arrestaron en Venezuela en 2012. Dos años después estaba colaborando con la fiscalía de los Estados Unidos. En los siguientes días sabríamos cómo las autoridades encontraron a Jorge Milton en la propia voz de la persona que dio con él. El 17 de diciembre de 2018, durante el contrainterrogatorio de Jorge Milton, Emma Coronel Aispuro faltó a la corte federal por primera vez.

En el tejido que había preparado la fiscalía para presentar sus evidencias, al colombiano le siguió un agente de la guardia costera. Clifton Montgomery Harrison estuvo en la incautación de droga más grande de la historia de la guardia costera, ocurrida el 18 de marzo de 2017 en la embarcación Gatun, en la orilla del Océano Pacífico, en la costa de Panamá. Después de hablar con el capitán en español, abordaron el barco. Harrison, por ser el más pequeño de su equipo, fue el único que cupo por la escotilla para inspeccionar lo que había debajo de una carga de pescado. Sin su armadura, con una pistola en mano, un sensor que medía el oxígeno y una cámara entró al compartimento donde halló el contrabando.

Adentro sólo se podía mover arrastrándose. Explicó moviéndose en su silla del estrado cómo se movió en el piso del Gatun hacía 10 años.

Harrison era joven y de cuerpo pequeño; sus actuaciones nos entretenían a todos. Siguió narrando lo que, se veía, había sido uno de los momentos más importantes de su carrera. Una vez dentro de la escotilla, sacó uno de los ladrillos de cocaína y lo llevó a la superficie. Abrieron el paquete para comprobar que era droga. Una vez corroborado, empezaron a sacar cada uno de los 700 paquetes de cocaína. En un video proyectado en la sala, explicaba Harrison cómo tuvieron que hacer una cadena humana para sacar la cocaína, ordenarla y bajarla de la embarcación para transportarla a su último destino: California. En las imágenes, la fiscal Andrea Goldbarg comentó que se podía ver a Harrison parado en un mar de paquetes de cocaína.

Todo dentro de las fuerzas del orden estadounidenses estaba pensado para estos momentos de espectáculo. Cuando la guardia costera encontró los paquetes de droga, hicieron toda una producción de video del hallazgo y de la cadena humana, incluso había partes en cámara rápida para mostrar la cantidad de tiempo y esfuerzo que les había tomado transportar cada paquetito a tierra. Todo había sido parte de la producción estelar que culminaría en el juicio de la sala 8D.

Los días previos a las vacaciones decembrinas bajaron el ritmo del juicio y, con ello, la importancia de los sucesos en la corte. Los reporteros buscábamos otros ángulos para mantener el interés en la historia a pesar de los pocos acontecimientos relevantes. El 18 de diciembre de 2018, Alan Feuer escribió para el *New York Times* una nota sobre el nuevo destino turístico de la ciudad: el juicio del Chapo.[15] Su artículo incluía toda la rutina para entrar a la sala 8D, a qué hora llegar, dónde formarse, cuánto espacio tenían arriba. Era un proceso abierto a todo el público, explicó en su artículo, y ya habían ido los primeros turistas a bañarse en presencia del narco sinaloense sentado en el octavo piso de la corte de Brooklyn. Allí fueron un académico francés, abogados de Denver, una pareja de Lituania y diplomáticos de Guatemala.

La nota de Alan disparó el interés del público en el juicio e incrementó la cantidad de personas que llegaban a formarse antes de las 6:00 de la mañana. A los periodistas nos complicó la vida. Adentro de la sala cabían 40 personas, con algunos asientos reservados para los reporteros que trabajaban en la corte y para Emma Coronel. Un buen día entrábamos 28 periodistas, un día malo sólo 18.

El tren hasta Nueva York, los barcos, la expansión a Ecuador y la incautación más grande en la historia de la guardia costera… El juicio había mostrado el esplendor de la explosión del tráfico de cocaína en la primera década del 2000. Uno de los gemelos que trabajaba para el Cártel de Sinaloa en Illinois, Pedro Flores, terminaría por ilustrar el tamaño del entramado desde el interior de la operación en Chicago, donde El Chapo se convertiría en el enemigo público número uno. También demostraría cómo empezaron las traiciones, la colaboración con las autoridades estadounidenses y los primeros huecos en la organización para penetrarla obteniendo evidencia que fuera más allá de los testimonios que habían recabado. Una cosa era tener una confesión y decenas de paquetes de droga incautada. Otra muy diferente tener una grabación con la voz de Guzmán Loera negociando un envío de cocaína.

Pedro Flores parecía ser penoso, otros lo describían como temeroso, con voz bajita. Lo cierto es que se veía acabado y mucho más viejo de su edad. Como los Cifuentes Villa, había sido narco dese niño. A los 7 años ayudaba a su papá a traficar en las calles de Chicago.

El gemelo conoció al Chapo en las montañas, como la mayoría de los testigos del juicio, en 2005. Cuando llegó a la pista clandestina había un hombre desnudo encadenado a un poste.

A sus 37 años, Flores —con un poco de barba y el pelo cortado a rape— llevaba casi 10 años en prisión. Desde ese día en que conoció al Chapo y hasta el 2008, los gemelos Flores generaron alrededor de 800 millones de dólares para el Cártel de Sinaloa, según recordó el testigo. Llegaron a distribuir más de 60 toneladas de cocaína en Chicago. Para la distribución utilizaban lugares como el comedor Denny's, Burger King, el lugar de comida rápida, y la tienda Home Depot.

Aunque el negocio iba bien, en 2008 empezó la guerra entre Guzmán Loera y los Beltrán Leyva. Los Flores no querían quedar atrapados entre un conflicto lejano y decidieron contactar a la DEA para colaborar con ellos. Era un poco irónico ya que años antes, en 2003, habían huido de Estados Unidos para escapar de las acusaciones en su contra. Pero en México, una de sus socias, Lupe Ledesma, había secuestrado a Pedro porque se rehusaron a entregarle todo el negocio. Después de 15 días como rehén, los secuestradores soltaron al gemelo. Su hermano, Margarito, había conocido al Chapo a tiempo para que lo ayudara. Desde entonces habían trabajado con Guzmán Loera. Cuando finalmente decidieron colaborar con la DEA de manera voluntaria en 2008, los Flores tuvieron que conseguir su propio equipo de grabación en Radio Shack. Llegaron a grabar a Alfredo Guzmán Salazar, hijo del Chapo, a Alfredo Vázquez, trabajador del Chapo con el que Tirso Martínez iba a las peleas de gallos y al mismo Guzmán Loera.

Muchos de los testimonios que se habían presentado antes hablaban de lugares comunes y ubicaciones conocidas para los mexicanos. El testimonio de Pedro Flores y las hazañas de los gemelos, convirtieron aquellos crímenes lejanos en eventos tangibles que sucedían en los lugares que los miembros del jurado frecuentaban y que, de alguna manera u otra, representaban el escenario cotidiano de una ciudad promedio estadounidense: Denny's, Burger King, Home Depot y Radio Shack.

Además de añadir un contexto más terrenal y tangible para el jurado, el gemelo Flores los hizo reír cuando contó que, estando bajo la custodia de la DEA, salió al baño donde tuvo relaciones sexuales con su esposa y ella se embarazó. Las esposas de los gemelos, Mia y Olivia Flores, incluso publicaron un libro sobre sus vidas: *Las esposas del cartel: una historia verdadera de decisiones mortales, amor indestructible y la caída del Chapo.*

Para contextualizar el testimonio de Pedro Flores, un agente encubierto de la DEA, Mario Elias, habló de una incautación de heroína hacía una década. En la sala, Elias sacó paquetes de heroína de cajas de cartón haciendo el espectáculo más real para el jurado. Se puso guantes negros para abrir las cajas y con una mano las levantó para que los 18 ciudadanos comunes y corrientes las vieran. Los 20 kilogramos de droga venían de una incautación que realizó Elias en el estacionamiento de un Home Depot en North Lake, Illinois, el 13 de noviembre de 2008.

Durante esos últimos días del año llegó por primera vez Nedy Fulgencio, una capellana dominicana que vivía en Queens y llevaba desde 2015 rezando todos los días por la liberación de Guzmán Loera. A partir de entonces, Nedy —usando siempre un vestido negro con su cuello blanco clerical y su cabellera rizada teñida de rubio— no se perdió un solo día del juicio. Antes de llegar al mundo del juicio del siglo, trabajaba en un hospital dando apoyo espiritual a niños y adultos mayores en estado terminal, en su mayoría enfermos de cáncer. También trabajaba como voluntaria con la coalición de iglesias santuario, dando apoyo a los migrantes indocumentados que buscaban refugio de la deportación en las iglesias de Nueva York.

Un día de 2015, Nedy iba llegando a la casa de su madre, después de trabajar y se encontró la televisión prendida. Estaba pasando un programa de Univision donde los periodistas entrevistaban a la madre de Guzmán Loera después de su segunda fuga de prisión, la del Altiplano, el 11 de julio de 2015. Ese día, al oír la historia del Chapo y escuchar las plegarias de su madre, Nedy quedó convencida de su inocencia.

Antes de salir al receso de una semana y media por Navidad y Año Nuevo, Emma regresó al juicio con una sorpresa. Era 20 de diciembre y la corte, a excepción de algunos turistas, estaba prácticamente vacía. Muchos periodistas se habían ido de vacaciones, el ritmo era muy lento y se sentía tranquilo.

Con saquitos blancos, jeans y moños negros con brillantes en la cabeza, las gemelas de siete años, Emali Guadalupe y María Joaquina Guzmán Coronel llegaron al limitado espacio de la sala 8D de la corte federal de Nueva York, acompañadas de su mamá. Desde el momento en que entraron, la mirada del Chapo cambió. Los alguaciles incluso tuvieron que mantenerlo sentado en un par de ocasiones que intentó pararse a verlas. Las niñas se acostaban sobre la banca, aburridas. Los periodistas Jesús Esquivel, de *Proceso*, Marisa, de Televisa y Víctor, de *El Universal*, sentados enfrente de ellas, se movieron haciendo un espacio para que el acusado pudiera verlas. El Chapo no dejaba de mandarles besos, hacerles corazones con las manos y tocarse el pecho, conmovido. No veía a sus hijas desde agosto, durante las audiencias previas al juicio, pero las vería al día siguiente en la cárcel. Sus hijas eran las únicas familiares con autorización para visitarlo.

El resto de la mañana, la corte desapareció para Guzmán Loera. Se dedicó exclusivamente a ver a sus hijas que se susurraban cosas al oído, jugaban con una pulsera rosa y saludaban a su papá. En un momento se sentaron frente a frente y jugaban a hacer figuras con los dedos: una de ellas las hacía mientras la otra la imitaba. Era una estrategia impecable de la defensa: el último día antes de las vacaciones de Navidad el jurado estaba absorto viendo a Guzmán Loera deshacerse en cariños para sus hijas. Días antes, Telemundo había publicado una entrevista a Emma[16], la única que le concedería a los medios durante el juicio. El enfoque era hablar de su familia como una normal, común y corriente.

En la cafetería, los reporteros platicaban con las niñas mientras los comensales, desde policías y alguaciles, incluyendo reporteros y hasta abogados de la fiscalía y la defensa, intentaban elegir alguno de los desabridos platillos que servían los cocineros latinos. Al regresar a la corte, María Joaquina traía un abrigo rosa para cubrirse del aire acondicionado frío que, muchas veces, era insoportable. Se volvieron a sentar en la segunda fila de la defensa con su mamá y la abogada Colon Miro.

Apareció el siguiente testigo, un experto en armas que hizo una serie de demostraciones del funcionamiento de los AK-47s, RPGs y municiones. Entró un funcionario de la corte empujando un carrito repleto de rifles, lanzagranadas y chalecos militares. En ese instante, mientras las miradas de los miembros del jurado pasaron de las niñas a los rifles de asalto, Emma se paró con sus hijas y las sacó de la corte. El testigo bromeaba sobre la posibilidad de que las armas se dispararan en cualquier momento. Había sido un buen día para que las gemelas vieran a su papá pues los siguientes testigos empezarían a cerrar el caso y dejarían poco espacio para dudar de la culpabilidad del Chapo.

PRUEBAS IRREFUTABLES

En enero todos regresamos con gripa. Desde la fiscal Andrea Golbarg, que llevaba meses con una tos de perro, hasta los reporteros que compartíamos hileras de papel de baño porque nunca teníamos pañuelos para limpiarnos la nariz. Los miembros del jurado estornudaban. Adam, el alguacil de California, nos regalaba caramelos *Ricola* para el dolor de garganta. Regresar a la rutina de la cobertura fue más fácil y natural que dejarla durante los días de descanso. El jueves 3 de enero fue la primera audiencia del nuevo año, los turistas eran 14. Entre ellos estaban los Gaytán, Carmen y Julio, una pareja de mexicanos radicados en San Francisco que habían ido a ver al Chapo ¡como regalo de aniversario de bodas! Ella era de Culiacán, Sinaloa y él de Michoacán. No sería su última visita al juicio.

Desde la publicación del artículo de Alan en el *Times* cada vez éramos más. En la oscuridad de la madrugada lo primero que hacíamos era buscar la lista. Después de anotarnos, hablábamos sobre las noticias del día o las últimas mociones en el caso, caminando sobre la banqueta. Justo después del amanecer, a las 7:00 de la mañana entrábamos al edificio, pasábamos el filtro de seguridad y subíamos al sexto piso donde nos sentábamos a esperar a que abrieran la sala de prensa.

El gobierno de Estados Unidos estaba en cierre desde el pasado 22 de diciembre. Una semana después se convertiría en el cierre más largo de la historia del país porque no se había aprobado el presupuesto para el muro fronterizo que prometió el presidente Trump desde su campaña. Los conserjes del edificio, desganados, limpiaban el piso: no habían cobrado su sueldo desde que se inició el cierre de gobierno. Mientras pasaban la pulidora comentaban el caso de Guzmán Loera.

En el sexto piso mandábamos mails, terminábamos pendientes y a las 8:00 de la mañana bajábamos a desayunar al Bayway Café, que después de las fiestas decembrinas no tenía guirnaldas ni decoraciones. Comprábamos el desayuno y nos íbamos directo a una mesa grande que llamábamos nuestra mesa redonda. David Brooks —de *La Jornada*— desayunaba siempre un pan de elote; Marisa, una avena caliente; Jesús comía un pan dulce y una fruta; yo desayunaba religiosamente un plátano con *Nutella*. Todos bebíamos el café espantoso.

Después subíamos a las 8:10 a terminarnos el café en el octavo piso, donde empezaban a desfilar los perros del escuadrón antibombas. A las 8:20 Marisa anunciaba el momento más esperado de la mañana: el llamado de la lista. Todos nos parábamos del suelo, nos acercábamos a la corresponsal de Televisa y esperábamos para escuchar nuestro nombre. Mientras nos llamaba, nos acomodábamos uno tras otro hasta quedar en el orden de llegada. A las 8:30 los alguaciles nos dejaban entrar, uno por uno nos quitábamos los zapatos, las chamarras, los pases de prensa y pasábamos todo eso, con nuestras libretas y plumas, por la cinta de seguridad. Un alguacil nos anotaba en la segunda lista, la oficial, la que ellos coordinaban, y nos daba un número para el resto del día. Adentro, cada quien buscaba un lugar. En general, todos cambiábamos de sitio cada día, a veces adelante para hablar con los abogados, a veces atrás, para ver la reacción del Chapo y a veces a la derecha, para observar a los miembros del jurado. Sólo había una persona que se sentaba siempre en el mismo lugar y, por la costumbre, todos empezamos a reservar ese sitio para él: la esquina de hasta atrás en las filas de la izquierda, inmediatamente junto a la puerta, era el lugar de Jesús Esquivel.

Para empezar el año nuevo, la fiscalía arrancó con Vicente Zambada Niebla, alias el Vicentillo, hijo del Mayo y sobrino del Rey. "He's guapo, very guapo", me dijo Phoebe Eaton, la escritora estadounidense. Cuando El Mayo empezó a trabajar con El Chapo, El Vicentillo tenía 15 años. A sus 43, entró a la sala de la corte con su uniforme de prisionero, sonriendo y asintiendo con la cabeza en dirección a Guzmán Loera. Vicentillo, el delfín del cártel, vino a elucidar muchos de los detalles que habíamos oído antes, a esclarecer episodios importantes y a dar inicio a las traiciones más significativas en el juicio contra El Chapo. Por ejemplo, confirmó que de Puente Grande, el acusado se había escapado realmente en un carrito de lavandería empujado por Chito.

Vicente fue el primero que empezó a cerrar el caso.

Una de las cosas sobre las que habló fueron las armas. La mayoría venían de Estados Unidos, explicó, desde AK-47s, balas y hasta bazucas. Una vez, afirmó, estaban todos en las montañas, cuando uno de los guardias de seguridad decidió disparar una bazuca. Además de jugar con armas de alto calibre, practicaban el tiro al blanco. Era cierto que El Chapo era el líder del cártel, aseguró el testigo, con su propio padre.

Después habló del plan para asesinar a José Luis Santiago Vasconcelos. Muchas de las anécdotas del Vicentillo resonaban con las que había contado El Rey semanas antes. No era sorprendente: tío y sobrino habían operado de manera cercana al socio del Chapo. El caso es que Vasconcelos había arrestado a uno de los hijos de Guzmán Lorea: Iván Archivaldo Guzmán, en un operativo en Zapopan, Jalisco, en 2005. El problema principal con el arresto, al menos para El

Chapo y El Mayo, era que Iván Archivaldo, en ese entonces, todavía no estaba involucrado en el negocio del narcotráfico. Les tomó tres reuniones decidir mandarlo matar. El plan era sencillo. Un grupo de ex militares armados, empleados por El Chapo fueron a buscarlo con bazucas guatemaltecas para asesinarlo. Pero nunca finalizaron el plan porque los arrestaron y les decomisaron las bazucas. Ahí había entrado El Rey.

Otra de las historias que aclaró fue la de Julio Beltrán. Para los que nos preguntábamos por qué lo habían asesinado y, además, por qué de forma tan sanguinaria, El Vicentillo nos dio las respuestas. Julio Beltrán había dicho que era momento de que una nueva generación liderara los grupos del narcotráfico, quejándose de los "pinches viejos", refiriéndose al Mayo y al Chapo. De esto se enteraron porque el Cártel de Sinaloa pagaba alrededor de 750 mil dólares en ese entonces en equipo para interceptar llamadas. Con eso bastó para que El Mayo lo mandara matar. Tal fue la conmoción, que hasta un corrido se hizo de la muerte de Julio Beltrán. La primera estrofa de la canción del Potro de Sinaloa dice:

"Ráfagas de rey de cuerno
Otra vez se oyen sonar
Los gallos ya no cantaron
Se pusieron a llorar
Cuando oyeron la noticia
Que en Culiacán capital
En forma muy alevosa
Matan a Julio Beltrán…"

La historia de la muerte de Rodolfo Carrillo Fuentes, también era cierta, confirmó El Vicentillo. El Chapo mandó a uno de sus sicarios a matarlo por no estrechar su mano al final de una reunión.

Además de confirmar asesinatos, el testigo habló de su participación en actos de corrupción. La reunión que había detallado Jorge Milton con funcionarios de Pemex en la sierra, era cierta. Habían planeado importar 100 toneladas de cocaína en uno de los buques petroleros. Vicentillo estaba presente, pero no sólo eso, él era el enlace directo. Los contactos en Pemex eran suyos. Además de la reunión para traficar cocaína con funcionarios públicos, Vicentillo fue directamente a Los Pinos a pedir un favor. En 1997 Vicente Zambada Niebla se reunió con el general Roberto Miranda Sánchez, jefe del Estado Mayor Presidencial del entonces presidente Ernesto Zedillo, para solicitarle que dejara operar los negocios de su madre y su hermana sin estarlos investigando. El general Roberto Miranda Moreno fue señalado por una investigación de la revista *Proceso* como uno de los responsables de violar a 14 mujeres en grupo entre 2006 y 2007 en Castaños, cerca de Monclova, Coahuila. Durante el sexenio de Felipe Calderón, sería jefe militar de diferentes zonas del país, incluyendo Torreón, Veracruz-Jalapa y Sinaloa-Durango.[17]

Las respuestas del testigo eran claras y ofrecía información clave sin convertirse en un espectáculo de orgullo, como con Jorge Milton. Vicente Zambada era, como algunos lo llegaron a describir, elegante. Se había declarado culpable y eso implicaba que testificaría en contra del Chapo. No lo ocultaba y tampoco lo hacía con remordimiento.

A sus 32 años, Vicentillo decidió que quería retirarse del cártel. El Chapo le ofreció ponerlo en contacto con sus conocidos en la DEA para que hablaran de opciones. Se reunió con los agentes cientos de veces, ofreciéndoles información de los rivales del Cártel de Sinaloa. En 2009, con los contactos del Chapo o no, Vicente se vio con agentes de la DEA en un hotel de la Ciudad de México. Dos horas después de terminada la reunión, lo arrestó la policía federal mexicana.

Poco después lo extraditaron. Se declaró culpable a cambio de una recomendación para la reducción de su sentencia. Consiguió visas para su esposa e hijos, así como un permiso para que su esposa inmigrara con 400 mil dólares para la manutención de su familia. A partir de su colaboración, El Vicentillo puede salir en libertad muy pronto. En 2019, año en el que El Chapo probablemente inicie su condena de por vida, el sobrino del Mayo tendrá 10 años en prisión desde su extradición en 2009.

Al hijo del Mayo le siguieron José Moreno, un agente del FBI y un empleado de bajo nivel que nunca llegó a conocer al Chapo, Edgar Iván Galván alias El Negro. Sus testimonios, en conjunto, sirvieron para establecer el tipo y la cantidad de armas que usaba el Cártel de Sinaloa.

El agente José Moreno, con 17 años de experiencia en el FBI, estuvo presente en la redada de la casa de 1 millón de dólares donde casi atrapan a Guzmán Loera, en Los Cabos. Ahí encontraron libros de contabilidad llenos de apodos (Tocayo, Menor, Ratón, El Güero, Mi Reina, Guano) con transacciones de droga y armas, ropa que había dejado El Chapo: pantalones talla 32x30, ropa interior, tenis talla 7, así como zapatos de tacón de una de sus amantes, Agustina Cabanillas Acosta. También había rifles de asalto, granadas y chalecos antibalas, y decenas de celulares con el sistema de encriptación que usaba el cártel. Ese 21 de febrero de 2012, mientras se sostenía la cumbre del G20, en la misma ciudad El Chapo escapaba por minutos del operativo que realizó la redada en su casa, saltando una barda.

Por su lado, Edgar Iván Galván, El Negro, originario de Ciudad Juárez, Chihuahua, narró su trabajo para uno de los lugartenientes del cártel, Antonio Marrufo, conocido como Jaguar. En 2003, El Negro empezó a frecuentar antros en la frontera, después de su divorcio. Trabajaba como taxista y empleado de tiendas de abarrotes cuando conoció al Jaguar, quien en ese entonces trabajaba para el brazo armado del cártel de los Arellano Félix: La Línea. Años después, un lugarteniente del Cártel de Juárez secuestró al Jaguar.

La siguiente vez que El Negro lo vio fue en 2008, trabajaba ahora para El Chapo, quien le ofreció saciar su sed de venganza en 2007, "limpiando Ciudad Juárez" de sus enemigos.

El Negro empezó a trabajar con él, lo ayudó a traficar 250 kilos de cocaína y 2 toneladas de mariguana a Chicago y Atlanta. Y aunque nunca conoció al Chapo, también almacenaba rifles de asalto, incluido uno que podía derribar helicópteros, y chalecos antibalas, en bodegas ubicadas en El Paso, Texas. Su nuevo jefe lo llevó a una de las casas de seguridad del cártel, que tenía el piso de azulejos blancos y un drenaje al centro para deshacerse de la sangre rápidamente.

En 2011, arrestaron a Galván en Texas y lo sentenciaron a 24 años de cárcel. Ésta era una de las grandes ironías del juicio, que un empleado de menor nivel que almacenó armas y traficó una cantidad pequeña de droga (relativamente mínima respecto a otros testigos colaboradores) enfrentara casi la misma sentencia que un asesino psicópata como Chupeta. Además de una historia triste, pues su hija le dejó de hablar cuando se enteró de lo que hacía. El testimonio del Negro abonó a la narrativa de violencia perpetrada por el cártel que Guzmán Loera estaba acusado de liderar.

Después del testimonio de Edgar Iván, al final del martes 8 de enero durante la audiencia 25, inició el testimonio del agente del FBI Stephen Marston, quien sentaría las bases para el testigo más sorprendente del juicio. Marston habló de un par de informantes encubiertos que trabajaron para el FBI desde el interior del Cártel de Sinaloa. El primero era Andrea Vélez Fernández, una colombiana que colaboró con la agencia estadounidense desde septiembre de 2012 hasta finales de 2014. El segundo era otro colombiano, Christian Rodríguez, cuya colaboración inició en 2011.

Rodríguez había sido el ingeniero de sistemas del cártel. Les había instalado un *software* de espionaje llamado FelxiSpy, había comprado cinco servidores remotos en Holanda para las comunicaciones del cártel y, durante 2012, grabó hasta 800 llamadas y mensajes de texto, entre 100 y 200 donde participó directamente El Chapo, así como ubicaciones del GPS de los teléfonos, para quemar en un CD que le mandaba a los agentes del FBI en Estados Unidos.

La sala 8D se llenó, durante horas, con la voz aguda y nasal —como la describiría Marston— de Guzmán Loera. En las llamadas pudimos aprender cómo administraba su imperio: dando órdenes, arreglando problemas, organizando las operaciones diarias. Varias de las llamadas eran con Orso Iván Gastelum Cruz, alias El Cholo Iván. El sicario le explicaba al Chapo que tenían a unos policías y Guzmán Loera le respondió, varias veces, que no los matara a menos de que estuvieran seguros de que no eran civiles. También le recordaba que los policías estaban de su lado y que si las cosas se salían de control, entonces entraría el ejército. "No seas tan drástico, Cholo cabrón, llévatela calmada con los policías", resonaba la voz del Chapo.

El agente Marston habló de algunos mensajes en particular, entre El Chapo y Agustina Cabanillas Acosta; entre El Chapo y Emma Coronel Aispuro, y entre El Chapo y Lucero Guadalupe Sánchez López. En primera instancia, el diagrama que se mostraba en las pantallas de la corte podía parecer simplemente una triangulación de amantes. Y sí lo era, pero también era mucho más que eso. Era prueba de que El Chapo había estado en Los Cabos, de los crímenes que cometió con Agustina y del nivel de conocimiento que tenía la joven esposa, sentada en la segunda fila de bancas jugando con las puntas de su cabello, sobre los crímenes de Guzmán Loera.

"¿Puede leer el siguiente mensaje en voz alta?", le pidió el fiscal Michael Robotti a su testigo. Uno por uno, Marston fue leyendo los mensajes. Algunos eran entre El Chapo y su amante, que tenía el nombre de usuario "Fiera", donde él le escribía cosas como "eres la persona más importante para mí, te adoro". Mientras el agente lo leía, Emma escuchaba impávida desde su asiento. Guzmán Loera le buscaba la mirada, y ella lo evitaba. Para los que creíamos que eso era una muestra de traición, no sabíamos lo que nos esperaba la siguiente semana.

Con Fiera coordinaba vuelos clandestinos, distribución de cocaína y mariguana a Phoenix, Arizona, así como envíos a San Diego. También discutían el pago de las cirugías plásticas que él le pagaba, y ella solicitaba la ayuda de un abogado para liberar a tres hombres arrestados en San Diego: los habían detenido en California durante la incautación de un envío de mariguana en lanchas.

En los mensajes con Emma, hablaban de una combinación inusual de temas, desde los más íntimos hasta los más cínicos. Intercambiaban mensajes sobre sus hijas, las gemelas que vimos al interior de esa misma corte, de las enchiladas que ella le preparaba, con las que lo enamoró. Él le había escrito inmediatamente después de escapar a la redada en Los Cabos, donde había estado con Agustina, para —entre otras cosas— pedirle un cambio de ropa: pantalones 32x30, tenis talla 7 y tinte de bigote color negro. La vida de narcotraficante tenía sus roces con la ley, pero dejaba espacio para la vanidad.

A Emma también le pedía que escondiera las armas en el "clavo" que tenían en la casa, ella le preguntaba si los asesinados ese día en la Colonia Guadalupe eran gente suya, discutían dónde colocar a los secretarios del Chapo: Cachimbas y Cóndor. Mientras el segundo se quedaría con el capo, el primero "siempre está disponible para mis princesas", ofrecía, galante, Guzmán Loera. No sólo escuchamos y leímos los mensajes que el acusado mandaba a su amante casi en forma simultánea que le escribía a su esposa, también leímos —con faltas de ortografía y detalles personales— los que se enviaban entre El Chapo y Emma. El nivel de intimidad que había expuesto la fiscalía era suficiente para incomodar a cualquiera.

En su contrainterrogatorio, Jeffrey Lichtman trató de establecer que el agente, cuando mucho, sólo tenía información de terceros y ninguna certeza de que El Chapo fuera quien escribía los mensajes o realizara las llamadas. Sólo había una persona que podía corroborar, de primera mano, la fuente de esos mensajes y la persona detrás de las llamadas.

"El gobierno llama a su siguiente testigo, señoría", dijo Parlovecchio con su característica voz baja e inexpresiva: Christian Rodríguez. Siempre era emocionante cuando una de las personas que había mencionado otro testigo se materializaba al cruzar la puerta frente a nosotros.

Christian Rodríguez era de baja estatura. Vestía un traje azul, tenía el cabello peinado con raya de lado y evitaba voltear en la dirección de Guzmán Loera. Tenía miedo. Después de todo, el colombiano se convirtió en un espía encubierto para el FBI, traicionando al presunto líder del Cártel de Sinaloa. Rodríguez empezó a trabajar para El Chapo Guzmán en 2008, a los 21 años de edad, después de abandonar la carrera de ingeniería en sistemas en tercer semestre. Decidió poner su empresa y, como emprendedor, una de sus primeras clientas fue Dolly Cifuentes Villa.

Después conoció a Jorge Milton, en 2008, en Ecuador. Pronto todos los Cifuentes Villa: Dolly, Jorge Milton, Alex, Jaime Alberto Rol y su mamá Lucía, tenían un sistema de comunicaciones de mensajería instantánea encriptado de punto a punto con 100 usuarios. Tan felices estaban los colombianos que Alex lo invitó a visitarlo a Culiacán, donde vivía con El Chapo desde que Jorge Milton lo dejó como garantía en 2007. Rodríguez fue a la reunión, que en realidad era en la sierra del triángulo dorado, llegó a bordo de un avión pequeño que aterrizó en una pista clandestina.

El Chapo lo veía con una mirada helada desde su lugar. En una de las sillas de los alguaciles federales, una mujer con vestido color vino, botas y el pelo lacio hasta los hombros escuchaba con atención. Era la esposa de Miguel Ángel Martínez Martínez, El Tololoche, que regresaba a la sala 8D de manera intermitente.

En la sierra, Christian le presentó dos soluciones al Chapo. La primera era esconder la ubicación de su dirección IP y la segunda, una manera de hacer llamadas por internet. El capo estaba contento y pronto se volvió aficionado a las soluciones tecnológicas que le ofrecía el ingeniero en sistemas. Regresaría un mes y medio después a otra reunión. Las preguntas se las hacía la fiscal Andrea Goldbarg, graduada en la Escuela de Derecho de la Universidad de Boston, que a diferencia de otros abogados del gobierno, era argentina, la única latina y la que mayor fluidez tenía al preguntar. Goldbarg no era acartonada ni tiesa con sus interrogatorios. No iba descartando preguntas específicas de una lista; armaba una historia y parecía platicar con los testigos.

Pronto el *software* espía se convirtió en el juguete del Chapo. Le pidió a Christian que le instalara el virus a 50 celulares mediante el cual podía abrir el micrófono de manera remota para escuchar lo que decían de él. También le instaló el mismo programa a la computadora de una mujer que lo visitaba en su casa. Mientras El Chapo la distraía, Christian le instaló el sistema de espionaje. Después del sistema de encriptación punto a punto en teléfonos *senao*, Christian les instaló otro sistema de comunicación segura a través de BlackBerrys, donde cada usuario tenía comunicación exclusiva con una o dos personas. A este sistema sólo tenía acceso un grupo selecto que elegía personalmente El Chapo. Con el tiempo, incluso le pediría al ingeniero en sistemas que *hackeara* todos los cafés internet de Culiacán. Guzmán Loera quería tener control de todo el flujo de las comunicaciones en su ciudad. Pero el plan falló porque los antivirus detectaban el programa que intentaban instalar mediante memorias USB.

México era, en el momento del juicio, el país más peligroso para ejercer el periodismo en el hemisferio occidental. Matar a un periodista podía servir para dos cosas: silenciarlo, castigarlo, por algo publicado y mandar un mensaje a otros; controlar el flujo futuro de información de algo que no se hubiera hecho público y a la vez reprimir el deseo de los demás por publicar. Desde 2000 a febrero de 2019, al menos 100 periodistas y trabajadores de medios habían sido asesinados en México, según datos del Comité de Protección a Periodistas. En un país cuyo *ranking* de corrupción era 138 de 180, en 2018, según Transparencia Internacional, y 99% de esos casos permanecía irresuelto, según datos de la PGR.

Cárteles rivales se disputaban múltiples plazas y la información era crucial: era una manera de ejercer control y una herramienta de poder, y El Chapo estaba plenamente consciente de ello. Por eso tenía un empleado, Benjamín, sentado en una computadora con audífonos todo el día. Le hacía decir que estaba oyendo música cuando en realidad escuchaba todas las llamadas interceptadas buscando cuando hablaran de él.

La última vez que Christian vio al Chapo fue en la sierra, durante una visita que salió mal. Llegó a la montaña en avión, como las veces anteriores, aterrizó en la pista clandestina, pero ese día el ejército les estaba pisando los talones. Empezaron a caminar, Guzmán Loera, Alex Cifuentes y el personal de seguridad, para adentrarse en la sierra. El Chapo estaba tranquilo pero él iba muy asustado, decía Christian, mientras el acusado se ajustaba la corbata en su silla ante la mesa de la defensa. Uno de los guardias llevaba un arma larga capaz de derribar helicópteros. La persecución duró en total tres días, después de los cuales, finalmente, llegaron a una casa en la montaña donde los esperaban vehículos para regresar a Culiacán. Christian decidió jamás volver y así lo hizo. Entrenó, a la distancia, a un par de empleados del cártel para administrar los sistemas de comunicación y se quedó en Colombia.

Fue en Bogotá donde lo encontraron los agentes del FBI. Sabían que trabajaba para Guzmán Loera porque un año antes, en febrero de 2010, se había reunido con alguien que dijo ser de la mafia rusa en un hotel de Nueva York. El cliente potencial quería el mismo sistema que usaba el Cártel de Sinaloa, pero en realidad era un agente encubierto del FBI. Para junio de 2011, Christian estaba colaborando con los estadounidenses. Les dio acceso a las BlackBerrys, al servidor de llamadas por internet, a las cuentas de FlexiSpy y a los servidores que tenían en Canadá, donde había migrado los originales de Holanda. Además del acceso, Christian grababa las llamadas que se realizaban a través del sistema y les mandaba a los agentes en Estados Unidos aquellas donde identificaba la voz de Guzmán Loera.

A cambio de 480 mil dólares en servicios y reembolsos pagados por el FBI durante siete años, Christian colaboró. Escuchaba llamadas, grababa las que contenían la voz del Chapo, las quemaba en un CD donde marcaba con "C" las llamadas relevantes y mandaba mapas con los movimientos de los miembros del cártel capturados por el GPS de sus teléfonos. El FBI también le permitió conservar el medio millón de dólares que cobró por los servicios prestados al Cártel de

Sinaloa. Fue él quien encontró la ubicación de Jorge Milton rastreando el GPS que le instaló a su celular.

Finalmente, en 2013, una de las llamadas que Christian interceptó y escuchó durante su labor como espía fue entre Carlina, la mamá de los Cifuentes Villa y su hijo Alex. Estaban casi seguros de que el ingeniero en sistemas los estaba traicionando y El Chapo lo quería muerto. Se mudó a Estados Unidos inmediatamente después con sus dos familias, pues tenía dos, y siguió colaborando desde ahí. En su nueva patria decidió no pagar los impuestos de sus onerosos salarios como criminal y espía, pero lo perdonaron. Nunca se le presentaron acusaciones y, hasta el día de su testimonio, era elegible para reclamar la recompensa de 5 millones de dólares por la captura de Jorge Milton Cifuentes Villa.

Igual de pequeño, igual de nervioso y atemorizado que como llegó, Christian Rodríguez se paró al finalizar el segundo día de su testimonio y, sin ver a Guzmán Loera en ningún momento, salió de la sala 8D resguardado por cuatro agentes de seguridad para desaparecer una vez más en el programa de testigos protegidos. En el cuarto estaba, otra vez, la esposa del Tololoche.

Las caras de los abogados de la defensa no escondían la derrota. Por primera vez en ocho semanas de audiencias no habíamos escuchado rumores o testimonios de lo que alguien recordaba o había escuchado de alguien más. Christian Rodríguez mostró prueba irrefutable del involucramiento del acusado. Por primera vez, hasta los más cínicos parecían sorprendidos. Todos los periodistas nos mirábamos, incrédulos. El caso estaba cerrado.

Antes del siguiente gran personaje, el agente de la policía fronteriza estadounidense, Juan Aguayo, ocupó el estrado para narrar los eventos de la noche del 15 de enero de 2012. Habían encontrado y arrestado a tres mexicanos que viajaban desde Tijuana con paquetes de mariguana en pangas pesqueras. Eran las 4:00 de la mañana cuando los detuvieron en una playa entre Los Ángeles y Santa Bárbara, California.

El juicio, visto con un poco de distancia, era como una obra de teatro. Vino primero el agente que había reclutado a Christian, después llegó el ingeniero en sistemas, sólo podía seguir quien lo llevó a trabajar para El Chapo.

Parecía que Alexander Hildebrando Cifuentes Villa no tenía plena consciencia de dónde estaba, tal vez no le importaba. Era robusto, estaba mal rasurado, tenía entradas grandes. Se le quedó viendo al Chapo, quien le sostuvo la mirada, sonriendo con los ojos. Alex le hizo una seña con la mano. La fiscalía y los reporteros los observábamos. Tenía una cara compungida y una mirada displicente y estaba orgulloso de hablar inglés. Había estudiado en Birmingham.

Cuando dijo su edad, 51 años, decidió agregar que la siguiente semana era su cumpleaños. Al momento de identificar al acusado, se tardó, porque dijo que nunca antes lo había visto de traje. En su defensa también tenía un doble trasplante de córnea. Sus principales funciones en el cártel aumentaron después de que su hermano lo dejó entenado con El Chapo en la sierra. Pronto se convirtió en uno de los secretarios y hombres de más confianza del acusado. Era el secretario de Guzmán Loera, "su brazo derecho y su brazo izquierdo".

Conoció al Chapo en un criadero de avestruces, propiedad de Laura, la viuda del Robachivas. En una reunión subsecuente, le mandó al Chapo a uno de sus cocineros favoritos, El Negrito. Cuando la fiscal Parlovecchio le preguntó si era un cocinero normal, Alex aclaró que era su cocinero de cocaína. Describió los dotes de buen negociador del Chapo y ahondó en los crímenes de la familia Cifuentes Villa.

En el tiempo que pasó en la sierra con El Chapo, Alex —o Panchito como le llamaban en el cártel—, habitó en diferentes zonas del triángulo dorado, la mayoría en Durango: La Cancha, Las Trancas, en el área del Centenario, Casas Viejas y Don José, en Las Coloradas y La Playa, un lugar cerca de una represa en las montañas. Las casas estaban hechas de pino, tenían televisiones de plasma, antena de Sky, secadora, lavadora, electricidad, ventanas polarizadas, refrigerador. Contó la rutina del Chapo, quien se despertaba a mediodía y luego caminaba bajo los árboles mientras uno de sus secretarios le comunicaba por teléfono con quien tuviera temas pendientes. También le llevaban la agenda para organizar las visitas que recibía. En esa época empezó el proyecto de su película —que él quería dirigir— y su libro. Pero no concretó ninguno.

Para no correr riesgos, tenía tres anillos de seguridad: el interno pegado a la casa, el mediano en la sierra y el externo en las pistas de aterrizaje y las entradas de las carreteras. A sus guardias les pagaba 20 mil pesos cada 20 días. Uno de esos empleados era Memín, el más avispado que el resto, según Alex. A ése lo mandaron a Honduras a comprar una finca con una pista de aterrizaje, pero se había comprado un Mercedes Benz con el dinero de la oficina, como le llamaba el testigo al cártel. El Chapo ordenó que le dieran una paliza que lo dejó con yesos en brazos y piernas. Otra anécdota que explicó Alex fue el contexto de un video que era público en YouTube y se mostró en la corte. Se vía al Chapo interrogando a un hombre amarrado a un poste entre cantos de un gallo. El interrogado era de Los Zetas.

El rol principal del Cifuentes Villa menor fue coordinar la venta de droga en Canadá, contactar al Chapo con unos dominicanos en Nueva York y hacerse cargo de lo que necesitara en la sierra, anotando todo en una libreta. Uno de los empleados que coordinaba Alex era Nariz, quien traía comida para todos desde la ciudad y a quien Alex le pagaba con el dinero de la caja chica, miles de dólares en efectivo que se reponían cada semana.

El testimonio de Alex estuvo interrumpido por el fin de semana. Ese domingo, el *New York Post* publicó una nota sobre Jeffrey Lichtman.[18] El abogado, casado, había sostenido relaciones sexuales con una de sus clientas, una restaurantera vegana, violando todo código de ética de su profesión. Incluso, el tabloide había obtenido una copia de los mensajes de texto que se mandaban entre ellos. Además de los mensajes de contenido sexual, bastante gráficos, otros hacían referencia al caso del Chapo. "Está mal que haya contratado a una *belly dancer* para ser la visita diaria del Chapo?" Le preguntaba Lichtman a su otra clienta el 16 de marzo de 2017.[19] Por supuesto, todos los que cubríamos el juicio atendimos con gran interés la nota sobre el abogado infiel que representaba a un hombre cuyas propias relaciones maritales habían sido expuestas en la corte.

El lunes siguiente, los más observadores notaron la ausencia de su sortija de matrimonio. Los abogados pidieron hablar con el juez por el posible efecto que tendría la nota del diario en la objetividad del jurado. Pero el juez estaba convencido, después de hacerles una pregunta, que —como lo indicaban sus instrucciones— no habían revisado nada sobre este hecho en la prensa.

Alex habló de dos secuestros, uno de una mujer panameña que les debía dinero por un negocio truncado de importación de cocaína; el otro del capitán Thelmo Castro, aquel ecuatoriano que les ayudaba a transportar la cocaína de Colombia a las bodegas que tenía Jorge Milton en Quito y Quayaquil. El capitán les había estado robando dinero. Aclaró también que El Chapo había mandado matar a Stephen Tello, el distribuidor de cocaína en Canadá y a Andrea Vélez Fernández, la empleada y amiga de Alex.

Andrea tenía una empresa de modelos en la Ciudad de México, con ella le organizaba fiestas privadas a un general mexicano. Cuando El Chapo le pidió que le ofreciera un soborno al general, éste lo rechazó porque odiaba a Guzmán Loera. Y el acusado decidió que Andrea merecía morir. Para entonces, la colombiana estaba colaborando con el FBI, pero eso no lo sabía El Chapo y su gente.

Durante el contrainterrogatorio que llevó Lichtman, descubrimos una ventana a la estructura lógica detrás de las acciones de Alex. Cuando Lichtman le preguntó si había sacado visas para Estados Unidos con nombres falsos, dijo que sí. Pero cuando le preguntó si el documento era una mentira, si era falso, dijo que no: "Los documentos eran buenos. El falso era yo", explicó.

Ese día también confesó la segunda tanda de sobornos. A la novena semana del juicio ya nos habíamos vuelto más o menos inmunes a las sorpresas. Hasta ese momento. "¿El señor Guzmán le pagó 100 millones de dólares al presidente?", le preguntó el abogado.

"Sí, señor", respondió el colombiano. Todos empezamos a escribir, una vez más, frenéticamente. El juicio era una metáfora de la vida: te podía agarrar desprevenido en cualquier momento.

El testigo confirmó que Enrique Peña Nieto le pidió 250 millones de dólares a Guzmán Loera "para que pudiera seguir trabajando" y que éste le ofreció 100 millones de dólares a cambio. Esa cantidad, dijo el testigo, se le entregó al presidente durante octubre de 2012, en la Ciudad de México.

Cifuentes también dijo que Andrea Vélez Fernández le hizo llegar maletas llenas de efectivo a Peña Nieto para su campaña presidencial a través de JJ Rendón, el venezolano que trabajaba como asesor político de Peña Nieto. Era jefe de Vélez Fernández.

Ese verano, antes de las elecciones, miles de estudiantes habían salido a protestar en las calles de la Ciudad de México como parte del movimiento #yosoy132. Buscaban más información sobre los candidatos y que ésta fuera más transparente. Que el debate presidencial se transmitiera en televisión abierta y no dependiera del duopolio televisivo del país. Mientras marchaban para exigir procesos democráticos abiertos y equitativos, Enrique Peña Nieto recibía dinero del Chapo.

Durante el sexenio de Felipe Calderón, el ejército recibió dinero de los narcos, dijo Cifuentes. Las fuerzas especiales estaban en la nómina de los Beltrán Leyva, con el fin de que los protegieran de Guzmán Loera, con quien estaban en guerra. Otros militares recibían entre 10 y 12 mil dólares de parte del Cártel de Sinaloa por capturar o asesinar a los socios de los Beltrán Leyva. Incuso la Policía federal, dijo el testigo, traficaba y vendía cocaína colombiana en México, para Edgar Valdez Villareal, La Barbie.

Las dádivas de la corrupción también se repartían en Colombia. Alex Cifuentes explicó que sus hermanos, Jorge y Pacho, le pagaban una mensualidad a Óscar Adolfo Naranjo Trujillo, exdirector de la Policía Nacional de Colombia, para darle protección a la familia Cifuentes durante sus actividades ilegales. Entre 2012 y 2014, Trujillo fue asesor militar de Peña Nieto por su experiencia en el combate al narcotráfico.

Las preguntas de Lichtman obtuvieron una reticencia inigualable del testigo, quien claramente no quería responder. Además, a casi cada pregunta del abogado recibía una objeción de Parlovecchio, encorvada sobre su micrófono, lista para espetar "¡objeción!" cada vez que podía. Tenía un conocimiento impecable del código legal que le permitía objetar por especulación, por la forma de las preguntas, porque ya se había indagado al respecto, por cuestionar la relevancia. Si las preguntas fueran pases de balón y Gina Parlovecchio el equipo contrario, su defensa era un muro.

Después de su arresto en 2013, Alex estuvo en el Altiplano, donde llegó a ver al Chapo. De ahí fue a dar a una cárcel en Colombia y finalmente accedió a ser extraditado en 2016, después de que su hermano le hablara de la prisión en Estados Unidos a un celular contrabandeado en la cárcel colombiana, y le dijera que cuando se confesara con los gringos lo tenía que hacer como si se confesara con Dios.

TÚNELES Y TRAICIONES

A estas alturas parecía que el caso estaba terminado. En cuanto a pruebas, las más fuertes ya se habían presentado. Christian Rodríguez fue el parteaguas. Pero la fiscalía tenía preparadas algunas sorpresas más para el jurado. Con los últimos testimonios, el gobierno de los Estados Unidos se encargó de afianzar con emociones lo que con hechos estableció. Los últimos testimonios nos entraron por los oídos, pero los recibimos en el estómago.

Víctor J. Vásquez era oriundo de Durango pero había crecido en Estados Unidos, ahí se convirtió en agente de la DEA y bajo esa identidad vivió en la Ciudad de México de 2008 a 2014. Nosotros lo llamábamos Ken, porque medía casi dos metros, tenía una espalda ancha y un copete esponjoso, facciones angulares simétricas y la misma arrogancia que, de existir, seguro tendría el muñeco de *Matell*.

En el juicio, detalló con especial cuidado el operativo de captura de Guzmán Loera en febrero de 2014. Éste inició el 16 de febrero en Culiacán, donde la marina mexicana y él fueron a diferentes propiedades donde presuntamente se escondía Guzmán Loera. Según el testigo, él sólo tenía una función de asesor por su experiencia y su conocimiento del caso. Insistió varias veces en que nunca entró al condominio Miramar de Mazatlán donde capturaron al acusado y que se quedaba en el auto cuando la marina mexicana entraba a las casas inicialmente. Así las cosas, Vásquez le explicaba historia y estrategia a los mexicanos.

Varios videos se proyectaron en las pantallas de la sala 8D mientras el agente de la DEA narraba con lujo de detalles cómo habían volado en un helicóptero Blackhawk, dónde habían encontrado a Nariz, uno de los hombres que le hacía mandados a Guzmán Loera, la dificultad que tuvieron para derribar las puertas de las casas del acusado. Bajo la poca luz de la sala de cine improvisada en la corte, El Chapo veía las imágenes del operativo de su propia captura con atención.

A una de las casas, explicó Vásquez, llegaron minutos antes de que El Chapo se metiera al túnel bajo la tina del baño de la recámara principal. Para perseguirlo, había que entrar al túnel sin chalecos antibalas o armas largas. Los marinos que decidieran entrar lo hicieron con pistolas y de forma voluntaria. Cuando la fiscal Andrea Goldberg le preguntó a Vásquez cuántos habían entrado, "every single man volunteered", respondió el testigo con aplomo, especificando que todos los marinos mexicanos entraron a ese túnel oscuro y estrecho, como lo describió, sin saber qué les esperaba.

Después de un recuento detallado, con fotos y videos, de la elaborada operación, el contrainterrogatorio de la defensa inició: "¿No había más estadounidenses además de usted?" El testigo volteó a ver a los fiscales antes de regresar su mirada en dirección a Balarezo que preguntó nuevamente. "¿Usted era el único agente de la DEA? ¿Sólo observaba? ¿Llevaba armas? Si le disparaban, ¿dispararía de regreso?" indagaba Balarezo, pero una objeción de la fiscalía evitó que el testigo contestara. En 2015, Jesús Esquivel, de *Proceso* publicó un recuento de la captura, donde según fuentes anónimas hubo involucramiento de agentes de la DEA, la CIA y los alguaciles federales en el arresto de Guzmán Loera.

El abogado de la defensa caminó hasta el proyector de la sala y solicitó que se mostrara una de las fotos ingresadas como evidencia por la fiscalía. La imagen de Víctor J. Vásquez vestido con el uniforme de la marina mexicana se proyectó en las pantallas de la sala.

"¿Qué es lo que tiene en la mano?" le preguntó Balarezo al testigo.

"Un rifle de asalto", respondió.

"¿Vestía ropa militar cuando estaba con la marina mexicana?", insistió el abogado.

"Sí, señor", le dijo el testigo.

"¿Para dar asesoría?", se burló.

"Para dar guía, información histórica, ofrecer mi experiencia", respondió Vásquez.

"¿Nada más?"

"No", insistió el testigo.

"¿Entonces por qué llevaba un rifle de asalto?"

"¡Objeción!"

Por último, Balarezo quiso saber si el agente de la DEA tenía certeza de que el hombre que oían gritar en el túnel era Guzmán Loera. ¿Lo había visto? ¿Tenía pruebas? No tenían.

Un testimonio tan elaborado quedó muy endeble al final del contrainterrogatorio, dejó en claro que no había prueba visual ni certeza de que ahí había estado El Chapo, a pesar de los videos y el alarde de Vásquez. Había sido un buen contra interrogatorio. Pero el caso de la fiscalía era impecable y después del agente, llegó Lucero.

"Yo estaba con él en una de sus casas cuando vi por las pantallas de seguridad a los marinos a punto de entrar", recordó en su testimonio la joven sinaloense. Escuchó los golpes con los que se trató de derribar la puerta y cuando llegó Cóndor a decirle al Chapo que tenían que escapar, los siguió al baño de la habitación principal donde una tina se levantó con pistones hidráulicos, dando entrada a un pasadizo secreto que desembocaba en un túnel con conexión al desagüe de Culiacán.

Lucero Guadalupe Sánchez López estaba ahí porque era la amante del Chapo Guzmán. Había trabajado para él y vivió con él por temporadas como su pareja sentimental. Incluso después lo visitó cuando estuvo preso en el Altiplano. La mujer de 29 años y de estatura de 1.52 metros "en mexicano" tenía un tic nervioso que le hacía abrir y cerrar los ojos incesantemente.

Lucero, a diferencia de los otros criminales colaboradores, hablaba con franqueza, con tristeza y hasta con miedo. No tenía una estrategia en las respuestas, como los Cifuentes Villa. No estaba cargada de odio, como Miguel Ángel Martínez Martínez. Conjugando mal los verbos ("al vuelo no le cabieron los kilos" o conducieron en vez de condujeron), su presencia en la corte parecía teñida de ingenuidad.

"Hasta el día de hoy estoy confundida porque creía que era una relación amorosa", fue lo primero que dijo en su testimonio sentada en el estrado de los testigos vistiendo un uniforme azul de prisionera. El Chapo se rehusaba a verla. Su cabello largo con las raíces cafés hasta la barbilla y el resto teñido de rubio, le caía sobre los hombros hasta la cintura.

La mayoría de la gente la conocía como la Chapo-diputada, pero desde el principio me rehusé a llamarla así. Para mí, Lucero era la representación de una serie de fallas sistémicas de mi país y del errado enfoque hacia el tráfico de drogas del país en el que ahora residía. Era víctima de un sistema económico precario con mala comunicación y pocas oportunidades. Era víctima de violencia doméstica y del patriarcado en general.

En la más reciente etapa de su vida, era víctima incluso de un gobierno estadounidense dispuesto a usar todo lo que estuviera a su alcance para sentenciar a un hombre que usarían como ejemplo para seguir justificando su política pública de combate a las drogas. Y Lucero era la pieza perfecta para convencer a un jurado estadounidense con la cantidad necesaria de manipulación emocional. Porque, al final de cuentas, no sólo los crímenes de trasiego de droga se comprobaban en la sala 8D; la fiscalía quería también hacer un caso contra los crímenes morales de Guzmán Loera.

Lucero Guadalupe Sánchez López era el otro lado de la moneda en la vida de Emma Coronel Aispuro. Con la misma edad, de las mismas montañas, cortejada por el mismo hombre, pero sin gozar de la misma suerte. En esa sala éramos tres mujeres mexicanas de 29 años. No tenía ninguna lógica, pero todo el tiempo pensaba en lo mucho que teníamos en común y lo diametralmente diferentes que habían sido nuestras vidas.

Lucero nació en Cosalá, Sinaloa, un pueblo que, en 2010, tenía apenas 6 mil habitantes. De niña ayudaba a su familia de ganaderos y mineros. A los ocho años era vendedora ambulante de empanadas. A los 10 trabajaba en los campos de jitomate, maíz y pepino. Para trabajar y estudiar se inscribió en un programa que le permitió dar clases a los 14 años. Dos años después, se casó con un hombre de Tapichahua, Tamazula, Durango, donde —según su testimonio en el juicio— toda la población se dedicaba a la siembra y cultivo de mariguana. Con él tuvo dos hijos y la relación se volvió violenta: su esposo abusaba físicamente de ella. Se separó y tiempo después, en 2010, a sus 21 años, conoció a Guzmán Loera, quien le doblaba la edad.

En febrero de 2011 El Chapo le mandó una BlackBerry a Lucero a través de uno de sus trabajadores. Horas después el teléfono sonó y el hombre sinaloense le preguntó a Lucero si quería que le mandara otro celular, éste encriptado, para mandarse mensajes. Accedió. Eligió como nombre de usuario "hermosura" o "M". Cuando se reunían, los trabajadores del Chapo la llevaban en camionetas con los ojos vendados a verlo.

Diez meses más tarde se fue a Durango, de donde era su ex pareja, a comprar mariguana de los campesinos para mandársela a Guzmán Loera en aviones piloteados por Cachimba. Además de una relación violenta, el esposo le había dejado la información y el conocimiento para comprar mariguana de los proveedores directamente. Pero la joven se sentía mal con los campesinos: los describía como personas muy humildes, le daban lástima porque trabajaban mucho y les compraba la mariguana al precio que la ofrecían —no al precio descontado que le instruía el Chapo— aunque fuera de mala calidad. Eso sí, se las compraba a crédito porque Guzmán Loera no pagaba hasta que se vendiera. No eran los únicos que no cobraban. A Lucero tampoco le pagaba.

Marcaba cada paquete con la leyenda "M❤4". La M —era ella—, el corazón —porque estaba enamorada— y el 4 porque el cumpleaños de Guzmán Loera era el 4 de abril: El Chapo nació el 4 de abril de 1957. Cuando juntaba 400 kilos de mariguana en paquetes de 10 kilos, se los mandaba. A veces le enviaba mariguana con semilla, que no servía, para que él se enojara y mandara a llamarla. Pero no funcionaba. Para comunicarse con él, subía todas las mañanas y todas las noches al cerro de una montaña donde encontraba señal del celular para contarle lo que estaba pasando.

"Estaba confundida con lo que sentía", dijo después de una serie de preguntas del fiscal Anthony Nardozzi, que con su copete aplacado por gel, una mirada compasiva y una actitud de galán salvador, dirigía el interrogatorio. "A veces lo quería y a veces la verdad no, por sus actitudes diferentes que tenía", añadió la testigo. Algunos reporteros en la corte juraron que Emma Coronel se rio. Después de un descanso, y antes de que entrara el jurado, Lucero se soltó a llorar cuando vio al Chapo. Sollozando, tuvieron que sacarla de la sala para intentar calmarla. Desde el cuarto contiguo donde estaba, con el micrófono aún encendido, se oía su llanto inconsolable.

En 2012, cuando regresó de las montañas, viajó con El Chapo a Los Cabos. Después él le contó detalles de cuando logró escaparse en febrero, momentos antes de la redada donde encontraron las libretas de evidencia. Una vez en Culiacán, Lucero ayudó a Pancho, uno de los productores de mariguana del triángulo dorado, a volverse testaferro de Guzmán Loera. "Lo escogió porque era una persona de bajos recursos que se podía manejar fácilmente", explicaba Lucero en un tono voluntarioso, sin darse cuenta de que, en buena medida, se describía también a sí misma. A Pancho le explicó cómo abrir una compañía de importación y exportación de jugos en la Ciudad de México. Y aunque nunca funcionó para lavar dinero, sí llegaron a realizar pagos de 5 millones de dólares a través de esa empresa. Había otras compañías fachada similares, una de harina de pescado en Ecuador y otra en Los Ángeles. De esto se enteraba durante las temporadas en las que vivía con El Chapo en reuniones en su casa.

En esos días de cohabitación ella lo atendía como la mujer de la casa, en sus propias palabras, comprándole cosas de cuidado personal como ropa, cremas, pantalones de 32x32 que tenía que mandar arreglar porque le quedaban largos, tenis Nike talla 7 color negro o azul. Se comunicaban "por medio de mensajes de testo" en celulares que los secretarios Chaneque, Picudo o Cóndor le cambiaban cada quincena.

Uno de los días que estaban comiendo en la casa donde vivían juntos en Culiacán, llegó Cóndor, un secretario del Chapo, a darle las noticias de que había muerto Virgo, o Juancho. Lucero pensó que se había muerto de una enfermedad, hasta que vio a Guzmán Loera ponerse muy serio y voltearla a ver para decirle que de ahí en adelante todo el que lo traicionara o "le pusiera el dedo", iba a morir, así fueran familiares, mujeres o amigos. Entonces se dio cuenta de que lo había mandado matar.

Tiempo después, Lucero buscó empezar una carrera política y ganó la diputación del distrito 16 de Sinaloa en 2013, con el voto de mayoría. Su relación con el Chapo no estaba bien e intentó salirse. "Yo terminaba mi relación con él, pero parecía que nunca terminaba", explicó en la corte.

El 16 de febrero de 2014 estaba con Guzmán Loera en una casa de la Colonia Libertad, en Culiacán, cuando Cóndor avisó que tenían que irse. Ellos se fueron en un coche y a ella la llevó Nariz después a otra casa en la Colonia Guadalupe. Pasaron la noche juntos y antes de irse a dormir, a las 3 de la mañana, empezó a oír golpes en la puerta de entrada, afuera. Era la Marina. Siguió a Cóndor y al Chapo hasta el baño, donde se levantó la tina y entraron al túnel: en primer lugar Guzmán Loera, seguido de su secretario y después ella. "Lo primero que miré fue una escalera de madera, y lo siguiente que miré fue mucha oscuridad", recordó.

Más de una hora recorrienron el túnel pequeño y húmedo, lleno de lodo, hasta que salieron por el Río Humaya. El Chapo iba desnudo cuando salió por el desagüe de la Conagua en Culiacán.

El operativo de la marina con el agente de la DEA no atrapó a Guzmán Loera ese día, pero lo atraparían seis días después, el 22 de febrero, en el condominio Miramar en Mazatlán. Lucero no estaba ahí, ese día estaba con él Emma Coronel. La siguiente vez que Lucero vio al Chapo fue cuando lo visitó el 4 de septiembre del mismo año en la prisión del Altiplano, utilizando una identificación falsa por indicación de Guzmán Loera, con el nombre de Devany Vianey Villatoro Pérez.[20] Estaba embarazada. La visita fue después de que ella recibiera una carta de Guzmán Loera que se proyectó en las pantallas. Mientras Lucero explicaba su visita al penal, la letra cursiva del acusado aparecía con las primeras líneas de su mensaje: "Para mi Reyna May que es un amor. Que al recibir mi carta te encuentres bien tú y toda la familia y nuestros hijos que son mis mejores deseos. Te cuento que me dio mucho gusto recibir tu carta amor." Esa visita con identificación falsa le costó su diputación, ya que cuando sus imágenes en la prisión se hicieron públicas, fue destituida.

Si el testimonio de Lucero no hubiera causado suficiente impacto, las coincidencias del juicio se alinearon una vez más para darle un sentido de plan maestro a lo que pasaba en la sala 8D. Ni planeándolo, la fiscalía hubiera podido calcular una mejor fecha para el testimonio de la amante del acusado. La primera parte del interrogatorio de Lucero Sánchez fue el jueves 17 de enero, la segunda el lunes 22. Ese fin de semana, el sábado 19 de enero, las calles de Nueva York se inundaron de mujeres con gorros rosas: era el tercer año consecutivo de la Women's March. Esa protesta masiva y simultánea en diferentes ciudades de Estados Unidos, que había surgido en 2017 como respuesta a la misoginia del presidente Trump y al regreso de políticas públicas que discriminaban por género. Ese año, además, había hablado en la marcha Alexandra Ocasio-Cortez, la latina originaria del Bronx ganadora de las elecciones para congresista en 2018. A los 29 años, la misma edad de Emma Coronel Aispuro y Lucero Guadalupe Sánchez López, la latina se había convertido en la congresista más joven en la historia de Estados Unidos después de las elecciones intermedias —que sucedieron durante la selección del jurado—, elecciones notables por la cantidad de victorias electorales de las candidatas mujeres.

Ese fin de semana, antes de que el jurado con mayoría de mujeres volviese a ver a Lucero Sánchez, la congresista del Bronx encendió a las neoyorquinas con su discurso: "Todas estas mujeres se están uniendo en solidaridad para apoyarse las unas a las otras y asegurarse de que cada voz se amplifique, se proteja y avance", gritaba desde el podio, con sus arracadas redondas y su característico labial rojo carmín. El discurso de Ocasio-Cortez inundaba las redes sociales, los periódicos locales, los canales de televisión. El lunes siguiente, los miembros del jurado volvieron a la sala a escuchar cómo un hombre que le doblaba la edad, había utilizado a la joven de Sinaloa, explotándola emocionalmente para fortalecer su imperio criminal.

Cuando regresamos a la corte el lunes 22, El Chapo tenía una vestimenta que, por primera y única vez, no era un traje. En cambio, traía una camisa blanca abierta hasta el pecho, pantalones negros y un saco de terciopelo color granate con un pañuelo negro de seda en la solapa. Su esposa vestía un atuendo idéntico para hacerle juego. "¿Se coordinaron, Emma?" Preguntamos. "Fue casualidad, *I promise*", dijo sonriendo, como quien acaba de hacer una travesura. Lucero los veía desde su asiento, con ese mismo tic en los ojos que no le permitía ver el mundo a su alrededor por más de dos segundos sin volverlo a desaparecer.

Después del numerito de los sacos de terciopelo, los reporteros estadounidenses salieron disparados de la sala para tuitear sobre los atuendos del narco y su esposa. El juicio tenía esa característica: recordarnos lo diferentes que eran nuestras realidades. Para muchos estadounidenses, el proceso contra Guzmán Loera era un espectáculo de barbarie y drama extramarital. Para los mexicanos nunca dejaba de representar un problema más grande, donde miles de nuestros connacionales buscaban a un familiar desaparecido, lloraban a un muerto asesinado o intentaban luchar —desde sus trincheras— contra la corrupción que permitía que todo eso sucediera.

Ése era el quinto día que venía Magda Rysiejko, una joven de Europa oriental que trabajaba en una firma de abogados y tenía un gran interés en el tema, según me dijo. También estaban los hermanos Roberto y Fabián Ruiz, manejaron directo de Texas para ver a Guzmán Loera, y la familia Sherman: abuela, hijos y nietas de cabelleras de rulos rubios, quienes ocupaban una fila entera y asistieron varias veces al juicio aunque las niñas faltaran a clases. También fue el primer día que noté a José Salas, pastor evangélico que acompañaba a veces a Emma. A diferencia de Nedy, José venía de Sinaloa, donde conoció a la familia y habían convivido durante años con ellos. Tenía ojos saltones, cara redonda y venas rojizas en la cara. En los descansos nos contaba chistes. "¿Te cuento el del narco?", preguntaba, "¿o el del gusanito otra vez? No hay nada que me guste más que oír a la gente reír", decía.

Ese segundo día de testimonio, el fiscal Nardozzi retomó las preguntas en el momento en que lograron, finalmente, salir del túnel: otro de los secretarios del Chapo, Picudo, los llevó a Mazatlán, donde estuvieron el 20 y 21 de febrero juntos. El tercer día se enteró de que habían detenido, en sus palabras, al señor. En su día de descanso, El Chapo estaba con su esposa, Emma Coronel, en el condominio Miramar, donde el equipo de marinos mexicanos coordinado por el agente de la DEA, Víctor Vázquez, lo arrestó la madrugada del 22 de febrero de 2014. Lucero se enteró por las noticias, cuando sus hermanos le llamaron para que viera lo que había pasado.

Después del arresto, se reunió con el hombre de confianza de Guzmán Loera: Dámaso López Núñez para hablar de lo que había pasado, cómo había llegado el gobierno, las propiedades que tenía El Chapo y un tema pendiente con una familia en Colombia: tenían cocaína que le pertenecía a Guzmán Loera. Le tocaba a Lucero interceptar las llamadas que le hacía a su esposa para averiguar dónde estaba la droga. Ayudarle a Dámaso a recuperar la droga fue el crimen que le imputaron en Estados Unidos como conspiración para distribuir cocaína. Habló con él, en total, dos veces en su vida.

El 21 de junio de 2017, Lucero Guadalupe Sánchez López cruzó la frontera por San Diego, buscando asilo político. No usó documentos falsos ni nombres que no fueran el suyo. Llegó a presentarse con su verdadera identidad, con un miedo legítimo. La respuesta que encontró fue un arresto al día siguiente y la presentación de acusaciones el 18 de julio del mismo año cuya pena oscilaba entre 10 años y cadena perpetua. Después la llevaron a Washington D.C., donde le negaron libertad bajo fianza y el 15 de noviembre la entrevistó Anthony Nardozzi. En ese primer encuentro, el fiscal le preguntó si entendía por qué estaba arrestada y ella respondió que creía saberlo: por su relación con El Chapo. Un mes antes del juicio, en octubre de 2018, Lucero cambió su declaración de no culpable a culpable, como parte de un acuerdo con el gobierno para colaborar en el juicio contra Guzmán Loera.

En el juicio había testigos que enfrentaban condenas de cadena perpetua como Lucero —que mandaba paquetitos de mariguana marcados con corazones de Durango a Sinaloa— y testigos como Dámaso, quien llegó a tener su propio ejército privado de más de 100 sicarios llamado Fuerzas Especiales de Dámaso. El contraste era abrumador.

No sé qué de Dámaso me dio tanto miedo. Tal vez era que sabía que iba a hablar de Javier. Tal vez era el cansancio acumulado, o el hecho de que era el único testigo que había sido sentenciado a cadena perpetua y aun así decidió colaborar. Tal vez era su porte altanero y su manera desbalagada de caminar, sus respuestas voluntariosas y bruscas y su nula muestra de remordimiento. Tal vez fue su saludo al entrar, parado en el estrado, cuando se llevó el puño derecho al pecho y —viendo al Chapo— se dio un golpe que parecía de lealtad.

Entró a la sala con su uniforme azul de prisionero y una playera café por debajo, caminando como si llegara a una reunión de trabajo. Llevaba la cabeza en alto y era físicamente más grande que el resto de los testigos colaboradores. No se parecía a nadie de las fotos que se habían publicado antes de él. Tenía 52 años y le gustaban los detalles, como su lugar de nacimiento que bien pudo haber sido Portaleci, pero describió como "un pueblo que se llama Portaceli, sindicatura Eldorado, municipio Culiacán, estado Sinaloa, México".

Dámaso se refería al Chapo como su compadre. El acusado fue padrino de su hijo y testigo en su boda, Dámaso era padrino de una de las gemelas, dijo señalando a Emma que estaba sentada en su lugar de siempre y había hecho un aspaviento al verlo entrar. Guzmán Loera y el Licenciado, como le decían a López Núñez a pesar de sus truncados estudios de derecho, se conocieron en 1998 en Puente Grande. El Chapo le mandó entre cinco y seis solicitudes escritas a mano pidiéndole cambio de zapatos o ropa, porque Dámaso era el subdirector de seguridad del penal de máxima seguridad. Le cumplía los favores y después le ayudaría también a conseguir permisos de visita para que una de sus señoras, Griselda, alias Roque, lo visitara, además de Alejandrina, que era la esposa con los permisos de visitación oficiales. En ese entonces Emma tenía entre ocho y nueve años.

Antes de la fuga del Chapo en enero de 2001, López Núñez renunció al penal por una auditoría federal que investigaba corrupción. Pero lo que él recibía de Guzmán Loera —10 mil dólares en efectivo y una casa valuada en 1.5 millones de pesos— lo consideraba regalos, no sobornos. Era insistente en ese detalle. Si bien Dámaso juró no haber participado en la fuga, confirmó que Chito, el empleado que lo llevó en un carrito de lavandería, sí fue parte fundamental. La fuga había sido espontánea, después de enterarse de que lo querían extraditar, le dijo su compadre. Lamentablemente, pagaron muchos custodios inocentes, entre 50 y 70, que El Chapo quería ayudar. Por eso se reunió con Dámaso, que no lograba encontrar trabajo después de renunciar de Puente Grande, en la sierra de Nayarit. Quería que el ex subdirector de seguridad le ayudara a ubicar a los custodios para mandarles un abogado.

Desde entonces, López Núñez empezó a trabajar para Guzmán Loera, primero consiguiéndole casa y ranchos, después corrompiendo funcionarios públicos y, con el tiempo, coordinando los envíos de cocaína. Otros encargados de coordinar envíos eran Juan Guzmán Rocha, alias Juancho o Virgo, Julio Beltrán, Alex Cifuentes, alias Panchito, y César Gastelum a quien le decían Enrique, con una base de operaciones en Honduras, donde recibía la droga y la transportaba hasta Sinaloa.

Si El Rey había testificado para sentar las bases del juicio, Dámaso estaba ahí para cerrar cabos sueltos y corroborar todas las historias previas. En el interrogatorio dirigido por Amanda Liskamm, López Núñez confirmó que Alex Cifuentes tenía los contactos dominicanos en Nueva York y distribuía la droga en Canadá. Recordó el helicóptero que le había regalado Jorge Milton al acusado y contó que un piloto lo estrelló tratando de sacarlo de una bodega en el criadero de avestruces de Laura Ávila Barraza. Reiteró que al Robachivas lo había matado El Mayo Zambada, supuestamente por órdenes de Amado Carrillo Fuentes.

Confirmó que dos empleados encargados de las relaciones con el gobierno, Javi y Roberto Beltrán, pagaban —respectivamente— 100 mil dólares y 1 millón de dólares a gente en la Policía federal, en el Ejército, en la PGR, en la Marina, en la Policía federal de caminos. También dijo que Yanqui, como había dicho al inicio del juicio El Rey, era el comandante de la plaza de cualquier estado, empleado por la PGR.

Esclareció las identidades de los apodos encontrados en las libretas de Los Cabos: Tocayo era Iván, Menor era Alfredo, Ratón era Ovidio, El Güero era Joaquín —los hijos mayores de Guzmán Loera—; Reina era Emma y Guano era Aureliano Guzmán, su hermano; Tomás o 02 era su sobrino Alfredo, al que había mandado a Ecuador y Chinacate era otro sobrino. Los sicarios principales eran Negro, también conocido como Bravo u Omar, un ex militar; Fantasma, otro ex militar recomendado por El Negro y El Cholo Iván, con quien arrestaron al Chapo por tercera y última vez en 2016. Los secretarios que llevaban las comunicaciones y los sistemas de encriptación de las BlackBerry eran Cóndor y Picudo. Cleto ayudaba en la producción de cocaína sintética y Nariz le ayudaba al Chapo haciendo mandados. Explicó el código que tenían para hablar por mensaje. Su sistema se llamaba tango-alfa y consistía en cambiar los dígitos del 1 al 9 para que sumaran 10, los únicos que quedaban igual, por obvias razones, eran el 5 y el 0. Entonces, explicó el Licenciado detalladamente, si intercambiaban el PIN de BlackBerry 2A464**2D2** y los últimos tres caracteres estaban en tango-alfa, quedaban así: 2A466**8D8**.

Ese día me aseguré de llegar extremadamente temprano para sentarme en la primera fila, sin que me tapara nadie y así tener una visión clara de Dámaso. Eduardo Balarezo me había dicho antes que ese día durante el contrainterrogatorio le preguntaría sobre el asesinato de Javier Valdez. Sentada inmediatamente atrás de mí estaba Emma, acompañada del pastor José Salas. En uno de los descansos, el guía espiritual y amigo de la familia, la reconfortó diciendo: "Dios es bueno y misericordioso, y por eso estoy aquí, no temas." Gran parte del testimonio de Dámaso involucró directamente a Emma.

La fiscalía presentó las cartas que el Chapo le mandó a Dámaso desde prisión. Siempre eran largas, de más de tres páginas, escritas a mano, con muchos detalles de un inventario sobre quién tenía cuántas balas, a quién había que pedirle qué cantidad exacta de kilos de cocaína. Todo estaba en clave. Y siempre estaban firmadas con saludos a la familia, buenos deseos y mucho cariño.

Después vino otra larga lista de asesinatos. Muchos fueron corroboración de los testimonios previos y otros eran información nueva. Rodolfo Carillo Fuentes quedó confirmado, la historia fue así: un tal Licenciado Ríos era el encargado de la seguridad de Guzmán Loera en 2004 cuando Rodolfo y sus pistoleros se la pasaban amenazándolo en Novolato, de donde eran ambos. Después de varias reuniones de paz donde Rodolfo prometió respetar, siguieron las amenazas. Decidieron asesinarlo y El Mayo ofreció su ayuda, pero El Chapo le dijo que no. El asesinato ocurrió saliendo del cine. Lo que no sabíamos y El Rey ya no se enteró, era que la Policía judicial había perseguido a los pistoleros de Guzmán Loera hasta que se enfrentaron en un tiroteo en una zona rural. La gente del Chapo estaba perdiendo y decidió tomarle el favor al Mayo, quien le habló al jefe de la Policía judicial para que se retiraran.

Durante la guerra contra los Beltrán Leyva, El Chapo también mandó matar a pistoleros del bando contrario, entre ellos a Gonzalito Araujo, quien murió con Arturo Beltrán Leyva en diciembre de 2009 y a Guacho, muerto en octubre de 2010. Un video del interrogatorio que le hicieron al segundo se proyectó en la sala. Después vino la explicación de la muerte de Juancho, primo del Chapo que más de dos testigos habían mencionado antes. Guzmán Loera lo mandó matar porque se enteró, a través de Dámaso, de que estaba en Culiacán un día que dijo que estaría en otro lugar. En esa mentira El Chapo vio traición, por eso lo mandó matar en 2011 y al Güero Bastidas, compadre de Juancho, también, porque estaba con él. El Güero Bastidas, a quien sus amigos conocían como El Príncipe, era muy cercano del Vicentillo. A Leopoldo, Polo Ochoa también lo mandó matar. Trabajaba con César Gastélum en Honduras mientras le daba información a las autoridades. Después intentó matar también a Gastélum, pero no lo encontraron. César Gastélum Serrano fue arrestado y extraditado a los Estados Unidos en 2015. Hasta al Negro, Manuel Alejandro Aponte Gómez, uno de sus sicarios de confianza, lo mandó matar en 2014. No era el único pistolero que terminaría así. Un año después, también Barbarino, en cuyo rancho se escondió tras la fuga de Puente Grande, fue asesinado por órdenes del Chapo. Francisco Aceves Urías, El Barbarino, murió a balazos el 16 de febrero de 2015, en el estacionamiento del restaurante Cayenna, en Culiacán. Finalmente, la fiscalía volvió a mostrar el video donde se veía al Chapo interrogando a un hombre amarrado a un poste con el canto del gallo de fondo. La escena se dio en uno de los ranchos de Dámaso, explicó el testigo. Y el interrogado era de los Zetas.

De todos, y vaya que eran muchos, los homicidios que habíamos oído narrados en aquella sala, ese día se dijo algo nuevo. La fiscal Liskamm no profundizó, apenas tocó el tema como quien le da una sacudida superficial a un mueble empolvado, pero abordó mínimamente el acuerdo para asesinar a una persona que nada tenía que ver con los cárteles y sus guerras, con los sicarios y sus traiciones. Se habló por primera vez directamente de lo que había pesado desde el inicio del juicio por su ausencia: el impacto de las víctimas de violencia del narcotráfico. La fiscalía mostró tres mensajes que se habían enviado entre El Chapo y El Licenciado. Una de esas tantas decenas de textos que les habían interceptado.

En los mensajes de noviembre de 2013, Dámaso le explicaba al Chapo —en clave— que la presidenta municipal de

La Paz les pedía ayuda para matar a un policía que la estaba "grillando". La presidenta municipal de La Paz en ese entonces era la priista Esthela de Jesús Ponce Beltrán. Guzmán Loera le contestó que había que hacerle el favor, sobre todo si era la favorita para gobernadora del estado. Le decía que mataran al policía pero haciéndolo parecer "como bengansa de un cholo. Ke no semire. Ke con rifle no ke con pistola para ke no se mire violento (sic)".

Después de mostrar los mensajes de texto, la fiscal Liskamm continuó su interrogatorio. Para los fines del juicio, demostraron que El Chapo mandó matar a alguien por mensaje de texto. Para quienes buscaban justicia o saber qué había pasado con el policía, quién era, no hubo respuesta.

Esa tarde la dediqué a uno de los reportajes que hice durante el juicio: un video de Facebook Live que permite a los usuarios hacer comentarios en tiempo real. Narré lo que habíamos visto, admití que no nos dijeron el desenlace y que, en ese momento, no había más información. Uno de los factores que hizo esta cobertura única fue la audiencia de *Ríodoce*, su conocimiento de los eventos en carne propia, su interés en lo que se decía. Una de las personas al ver el video comentó inmediatamente que sí habían matado al policía. Luego otra. Otra más. Había, incluso, un video.

El comandante de la policía de La Paz se llamaba Juan Antonio Salgado Burgoin. Murió asesinado el 21 de febrero de 2014 cuando viajaba en una camioneta color vino con su familia. Recibieron tantos balazos que uno alcanzó a su hija, lesionándole la pierna. Días antes de morir, el policía subió un video pregrabado a Facebook donde explicaba que había recibido varias amenazas de muerte por pedir un aumento salarial y respeto a los derechos humanos. En el video en el que se grabó, salía con su uniforme y una gorra, pidiendo que dejaran a su familia en paz y diciendo que responsabilizaba a la alcaldesa si algo le pasaba, así como a Noé López Ramírez e Iván Sánchez Escobar, comisario y director operativo de la Policía Municipal de La Paz. "No le temo a la muerte", dijo al final del video. Sólo quería que dejaran a su familia tranquila. Nueve días después del final del juicio se cumplieron cinco años del asesinato de Salgado Burgoin, mismo que sigue sin resolverse. "Hoy a las 12:45 se cumplen 5 años de impunidad", publicó su viuda en redes sociales.

Lo último que contó el Licenciado antes del contrainterrogatorio fue que cuando El Chapo estaba preso en el Altiplano, su esposa lo iba a visitar y salía con mensajes para él y para los hijos de Guzmán Loera: Ovidio, Iván, Joaquín y Alfredo. Los seis se reunieron al menos tres veces, desde marzo de 2014 hasta 2015, para coordinar la fuga del Chapo. Necesitaban un reloj con GPS para que pudieran determinar su ubicación en la prisión, una bodega cerca del Altiplano para cavar el túnel y otra bodega con armas y cuatrimotos para la huida. Mientras explicaba esto, todos los ojos estaban sobre la esposa del Chapo.

Emma era un personaje que nos intrigaba a todos. Al principio del juicio estaba callada, sentada en su esquina de la banca. Antes del escándalo del celular, la acompañaba la abogada Mariel Colon Miro, con quien se iba todos los días en la tarde y quien salía en las fotos de su Instagram en partidos de béisbol o en las cercanías de la corte federal. Otras veces la acompañaba su amiga, Cherish Dawn, una mujer rubia muy delgada, siempre sin peinarse.

El primer día del juicio parecía tener mucha desconfianza de la prensa. Cuando Balarezo llegó a saludarla, antes de los alegatos iniciales, le reclamó por la corbata que le habían puesto a su esposo. Todos alrededor escuchamos y ella inmediatamente se arrepintió de haber abierto la boca, pidiendo que "no hiciéramos chismes" y no lleváramos la historia a la superficialidad de un comentario que no importaba. Pero todos escribimos sobre el comentario de la corbata. Un día, muy cerca de las vacaciones de Navidad, llegó con un collar nuevo. Era una estrella de David pero, sobre todo, para ella era una alhaja. Ese día la nota en el *New York Post* fue sobre la esposa del narco que usaba símbolos judíos. Comentaría después, entre otros mexicanos, que ella sólo se lo había puesto porque era un regalo. Parecía cansarle el hábito de los estadounidenses: en todo, siempre, tiene que haber un simbolismo, para ellos llevar en el cuerpo un objeto puede significar algo.

Cuando le preguntábamos sobre sus hijas, sonreía. El día que las llevó a la corte les tapaba la cara, protectora, de las cámaras de televisión que la perseguían cuadras afuera del edificio. En el hotel donde se quedaba cerca del tribunal, donde la vimos algunos reporteros, se desenvolvía con un perfil bajo y sin llamar la atención. Me preguntaba si todo su silencio correspondía a un concierto de ideas imparables de las miles de cosas que le convenía no decir.

La observábamos mucho porque era una pieza clave en la historia del capo famoso, comentábamos todo acerca de ella, desde sus cirugías plásticas hasta su silencio. Había quienes encontraban en ella una víctima de sus condiciones: una infancia precaria, hija de un narcotraficante, elegida en su adolescencia por otro narcotraficante como esposa. La veían como alguien sin alternativas o elecciones, cumpliendo la condena de un papel que nunca escogió. Otros la veían como una cómplice criminal, con una fachada de inocencia que ocultaba todas las cosas que era capaz de hacer, siendo el espectáculo de los sacos aterciopelados la menor de sus hazañas. La verdad es que no sabíamos.

Cuando empezaron a llegar los fans de su esposo, saludaba a desconocidos con dulzura y recibía de ellos desde buenos deseos, hasta notas y abrazos. Al final terminó recibiendo los rezos y las palabras de apoyo de Nedy, quien se sentaba atrás de ella y le ponía una mano en la espalda. Durante los testimonios se veía las uñas y jugaba con las puntas de su cabello. Algunas reporteras se burlaban de eso, como si fuera una muestra de falta de interés o corto intelecto. Yo creía que era su manera de sobrellevar la rutina que, por alguna u otra manera, tenía que desempeñar. En su lugar, yo no sé dónde pondría la mirada o qué haría con mis manos uno y otro día, siempre bajo el escrutinio de 30 personas que indudablemente escribirían sobre mis reacciones.

Aguantó estoica la presentación de evidencias de romances extramaritales y se mantuvo firme mientras todos en la sala 8D leíamos los mensajes que se mandaba con el Chapo: algunos sobre sus hijas, otros sobre dónde esconder armas en compartimentos secretos y otros sobre los negocios ilegales de su propio padre. Cuando alguien le preguntó cómo se sentía al estar así de expuesta tras la evidencia de dos amantes de su esposo, dijo "ya sabes cómo son las cosas en México", haciendo alusión, una vez más, a las diferencias culturales entre ambos países, donde en Estados Unidos todo era blanco y negro; dejando entender que no era nuevo para ella.

Conforme pasó el tiempo fuimos perdiendo esa distancia, esa barrera de desconfianza entre periodistas y la esposa del Chapo. En el Bayway Café nos saludábamos, "provecho", "con permiso", "te vemos adentro". Arriba hacíamos plática cuando coincidíamos en la fila para pasar por el detector de metales entre descansos. "Cómo estás hoy", saludaba poniendo su mano sobre nuestros brazos como cuando te encuentras con un conocido en la calle y te saluda. Sonreía. Conforme se acercaba el final del juicio hablábamos entre reporteros desenvueltos frente a ella, en esas conversaciones se incorporaba sin pensarlo, algo que nunca hubiera sucedido al principio.

Hubo un momento del juicio en el cual Coronel Aispuro fue una persona más: Emma, una joven mexicana de 29 años entre otros mexicanos, latinoamericanos y estadounidenses. Todos igualmente atrapados en la sala 8D y todos con niveles similares de agotamiento físico. Quien sabe, tal vez para ella también fue bonito desaparecer por un momento entre el grupo de gente en un espacio con condiciones que nos emparejaban y nos redefinían. Pero testimonios como el de Dámaso servían para recordarnos —de golpe— que estábamos ahí por razones muy diferentes y que, al salir, nos iríamos en sentidos contrarios.

"Le pregunto hoy", me confirmó Balarezo en algún momento del mediodía en que le insistí sobre el tema de Javier. Había estado alerta, tratándome de preparar para cuando llegara el momento. Pensaba que por fin tendría una respuesta, una explicación, un cachito de verdad para hacerle frente a un mar de impunidad. Y conforme pasaban las horas y yo sudaba frío, me temblaban las manos y las náuseas incrementaban, me di cuenta que no quería oírlo. No quería saber. Después de escuchar al Rey hablar sobre la emboscada para matar a Rafita, el policía judicial, afuera de su casa, después de saber lo que pagaba Chupeta por una vida humana, de entender que un asesinato —para ellos— era parte de una ecuación calculada, me di cuenta que no lo quería oír. No quería saber cuál había sido la razón para matar a Javier. No quería conocer la justificación que Dámaso contaba. No quería oír la trivialización de su muerte. El descanso de medio día me salvó de llorar en la sala. No lo quería oír, pero no había vuelta atrás.

Cuando quedaban treinta minutos de la audiencia 33, Balarezo empezó a abordar la riña que tenía López Núñez con los hijos del acusado. Dijo que él estaba encargado de la mitad del narcomenudeo en Mazatlán, con lo que ganaba 2 millones de pesos a la semana, la otra mitad era de los hijos de su compadre. El testigo también controlaba el narcomenudeo en El Fuerte, La Cruz, Novolato, Villa Juárez, Carrizo y el norte de Los Mochis, Sinaloa. Dijo que tuvo su ejército privado de 100 sicarios en 2016, después de que los hijos del Chapo lo intentaron matar. Y que uno de sus sicarios, David López, mandó a hacer uniformes con el logo de Fuerzas Especiales de Dámaso.

"Quien hizo estos uniformes fue en contra de sus indicaciones, ¿no hizo que lo levantaran, lo mataran?", le preguntó Balarezo.

"La marina se encargó de eso", respondió parcamente.

"¿Dónde está David López?", insistió el abogado.

"En su tumba."

"Dijo que nunca mató a nadie personalmente, pero ¿tiene problemas morales con matar?", quiso saber Balarezo.

"No es mi costumbre", respondió el Licenciado.

"¿Pero su hábito sí es transmitir órdenes de asesinar?", indagó.

El crimen de Javier, de acuerdo a la Fiscalía Especializada para la Atención de Delitos Cometidos contra la Libertad de Expresión (FEDALE) en México, se debió a una serie de publicaciones que incomodaron al clan de Los Dámaso, de donde salió la orden de matarlo.

"En algunas ocasiones se dio", dijo el testigo. Me temblaban las manos, la letra de mis notas se iba convirtiendo en una masa incomprensible de círculos y espirales.

"Y estuvo bien en su universo moral... ¿Ordenó secuestros?", preguntó Balarezo.

"Sí, en el narcotráfico eso sucede", respondió.

"¿Porque hacen algo contra su negocio, su hijo, su familia?", quiso entender el abogado.

"Cuando ha sucedido, siempre hay una razón", dijo fríamente. No, no quería oír la razón.

Finalmente, Balarezo le preguntó si en una de las reuniones que tuvo con el gobierno después de su arresto, le preguntaron si estuvo involucrado en el asesinato del periodista cofundador de *Ríodoce*. Negó haber participado en el asesinato y dijo que su hijo tampoco había tenido nada que ver.

El periodista Javier Valdez Cárdenas fue asesinado el 15 de mayo de 2017 al salir de las oficinas del semanario *Ríodoce* en Culiacán, Sinaloa.

"¿No es verdad que este periódico publicó una gran crítica a su hijo?" quería saber Balarezo.

"Por órdenes de los hijos de mi compadre, Iván, Alfredo", concedió.

Dijo, sin embargo, que su hijo no tuvo nada que ver tampoco con el asesinato. Y afirmó lo siguiente:

"Resulta que los hijos de mi compadre se enteraron de que di una entrevista por teléfono donde explicaba los motivos por los que me señalaba Ciro Gómez Leyva —un periodista muy conocido en México— en su noticiero, decía que yo había emboscado a los hijos de mi compadre y que uno de sus hijos y El Mayo estaban graves. Como era falso, cuando se me acercó el periodista, lo vi como una buena oportunidad, pero a los hijos de mi compadre no les pareció bien lo que a mí sí. Si no, pregunte a cualquiera en Culiacán. Que ellos amenazaron a todos en la casa editorial para sacar una nota a modo y obligaron a que no sacara la entrevista. Pero como el periodista era íntegro, la publicó, desobedeciendo las órdenes de los hijos de mi compadre y la publicó. Y como los hijos de mi compadre están coludidos con el gobierno no encontraron a un culpable y culparon a mi hijo."

"¿Usted vio a los hijos del Chapo matarlo, sí o no?", preguntó Balarezo.

"No, eso no lo vi yo."

"¿Oyó que dieran la orden de matarlo?", insistió.

"No."

"¿Estuvo presente?", seguía presionando.

"Estaba preso."

Insistía Balarezo, porque el testimonio de Dámaso, lejos de esclarecer el asesinato, enturbiaba la historia. Tras casi un año de investigaciones, el 24 de abril de 2018, la Procuraduría General de la República detuvo a Heriberto "N", El Koala, como uno de los presuntos asesinos materiales de Javier y posteriormente fue acusado por el mismo delito Francisco "N", El Quillo, quien se encontraba preso en Tijuana por portación de armas de uso exclusivo del Ejército. El tercer asesino material, Luis Idelfonso "N", El Diablo, fue ejecutado en Sonora en septiembre de 2017.

Dámaso López Núñez fue detenido el 2 de mayo de 2017 en la Ciudad de México y en junio de ese mismo año, durante su reclusión en el Centro Federal de Readaptación Social (Cefereso) número 9 en Ciudad Juárez, Chihuahua, dijo en una entrevista informal que el asesinato del fundador de *Ríodoce* tuvo su origen en la propagación de la violencia en Sinaloa, así como la entrevista que concedió al periodista en febrero de 2017 sobre el enfrentamiento entre grupos de sicarios de los hijos de Guzmán Loera y su hijo El Minilic y lo que se escribió sobre su detención.

En el interrogatorio con agentes ministeriales, López Núñez no admitió tener relación directa con el homicidio, pero aceptó que Juan Francisco "N", El Quillo, y su primo Heriberto "N", El Koala, formaban parte de su grupo delictivo, de acuerdo con *La Jornada*.

El 6 de julio de 2017, López Núñez fue extraditado a Estados Unidos, sin que rindiera una declaración por el crimen de Javier, por lo que la Subprocuraduría Jurídica y de Asuntos Internacionales de la PGR solicitó en dos ocasiones al Departamento de Justicia de Estados Unidos, vía asistencia jurídica internacional, la declaración del Licenciado sobre el caso.

En la sala 8D de la corte federal de Nueva York durante los días 22 y 23 de enero de 2019 se confesaron muchos crímenes. Dámaso López Núñez ofreció confirmación del autor intelectual y los motivos detrás de varios asesinatos. Pero para Javier Valdez, sus deudos y la crisis de violencia contra periodistas en México, no hubo confesión que disipara la opacidad ni detalles que aclararan el caso a la justicia.

El último testigo colaborador fue Isaías Valdez Ríos, alias Memín, un agente del Grupo Aeromóvil de Fuerzas Especiales (GAFE) que terminó trabajando para El Chapo en la sierra, de 2004 a 2007. Pronto quedó claro por qué lo había llamado la fiscalía: para narrar cómo Guzmán Loera asesinó a tres personas. A uno lo enterró vivo. A otros dos los torturó, les dio un balazo y aventó sus cuerpos a una fogata. Los asesinatos sucedieron entre 2006 y 2007, en Durango.

El primero empezó cuando El Mayo le mandó un hombre que trabajaba para el cártel de los Arellano Félix. Ya lo habían torturado. Tenía las plantas de los pies quemadas, quemaduras de encendedor y marcas de una plancha de ropa sobre la piel, donde se le había pegado la ropa. Para interrogarlo bien, El Chapo mandó a que lo encerraran tres días. Así de malherido no le servía. Al tercer día empezó a hacerle la primera serie de preguntas sobre las operaciones de sus rivales, pero interrumpió el interrogatorio cuando llegaron unos invitados a verlo. Después se fueron a otra de las casas en la sierra de Durango y se llevaron al prisionero, que quedó encerrado otros tres días. Cuando empezó a apestar, porque su cuerpo se estaba descomponiendo, El Chapo mandó a sus hombres a cavar un hoyo donde no los escuchara. Con una pistola en la espalda, lo llevó hasta la que sería su tumba y le hizo la última ronda de preguntas. Después de dispararle, ordenó que le quitaran las esposas, y mientras todavía respiraba, lo enterraron.

Los otros dos hombres fueron un regalo del Licenciado. Los había encontrado su gente en Eldorado, Sinaloa y eran del cártel de Los Zetas. Cuando llegaron al campamento del Chapo en Durango, les pidió a sus sicarios que los calentaran, o sea, que los empezaran a torturar. Mientras tanto, les dijo a otros empleados, que cavaran hoyos en el suelo e hicieran fogatas. Trajeron a los prisioneros y, con un palo largo de árbol, El Chapo los tundió a golpes hasta que tenían tantos huesos fracturados que no se podían mover. Trabajaban para los Zetas, pero eran sinaloenses y Guzmán Loera se sentía personalmente traicionado. Después de un "chinga tu madre" a cada uno, con un balazo en la cabeza los mató, aventando sus cuerpos a la fogata. Al día siguiente sólo habría cenizas donde habían estado dos Zetas.

Los miembros del jurado tenían caras largas, el ánimo en la sala era pesado. El aire estaba tan tenso que parecía casi tangible. Yo tenía náuseas. Guzmán Loera veía fijamente a Memín que —irónicamente—, tenía una cara boba de no romper un plato.

El contrainterrogatorio de Memín fue el lunes siguiente. Al menos pudimos reponernos del testimonio durante los tres días de descanso que teníamos a la semana. Balarezo dirigió las preguntas una vez más. A diferencia de Purpura, el ecuatoriano americano era muy burdo en su manera de preguntar, su agresividad era a veces contraproducente. Su estrategia fue desacreditar el testimonio haciendo notar que la palabra de Memín era la única evidencia de esos asesinatos. Para hacer este punto, Baralezo le preguntó si había autopsias de los cuerpos, a lo que Memín respondió que no. ¿Reportes de la policía? Quería saber el abogado. Tampoco. "Bueno", intentó Balarezo al final, "¿están en una tumba?"

"No habría", respondió con naturalidad el testigo.

Y claro que no habría. Para los estadounidenses probablemente es difícil imaginar que una persona sea asesinada y su cuerpo, simple y sencillamente, desaparezca. Se desvanezca. Pero en un país con 40,180 desaparecidos para enero de 2019[21], era casi —y siniestramente— normal. Según "El país de las 2 mil fosas"[22], una investigación de Quinto Elemento publicada en noviembre de 2018, "el municipio donde más cuerpos fueron extraídos en un año fue Durango, con 350, en 2011. Y Durango es también el estado donde más cuerpos han sido encontrados en fosas: 460 en 7 años". No, no habría una tumba para buscar, encontrar, reclamar los cuerpos de los dos Zetas y hacerles una autopsia. No habría.

El último día de los testigos de la fiscalía, fue el actor poblano Alejandro Edda que interpretó al Chapo en la primera temporada de la serie de Netflix: *Narcos México*, a estudiar su personaje. Había audicionado para actuar en la afamada serie *Narcos* durante cuatro años para obtener un papel. Ahora que interpretaba al Chapo no iba a desaprovechar la oportunidad. Llegó temprano y, como todos, se anotó en la lista y se formó. Cuando nos ordenamos para entrar, se oía que la gente lo llamaba para formarse "¡El actor! ¡El actor!" Cuando entró a la sala, los abogados le dijeron a su cliente quién era y El Chapo volteó a ver a Edda. Sonrió. El poblano se puso nervioso. Más tarde, fuera de la corte donde dio una entrevista para los periodistas que cubríamos el juicio, dijo: "No tengo duda de que es culpable."

Para rematar, como las últimas puntadas en un tejido, la fiscalía llamó a James Bradley y Brendan Hanratty, ambos agentes de la DEA. Bradley había ido a México a escribir un reporte sobre el túnel por el cual El Chapo se escapó del Altiplano en 2015 y Hanratty era el hombre que voló con

Guzmán Loera de Ciudad Juárez a la pista de aterrizaje en Long Island, Nueva York, la noche de su extradición.

A las 15:40 horas del 28 de enero de 2019, Gina Parlovecchio se puso de pie y, volteando a ver al juez, dijo: "El gobierno cierra su caso, su señoría."

LA DISCORDIA EN LA DEFENSA

Las tensiones entre la fiscalía y la defensa habían sido muy claras a lo largo del juicio. El gobierno solicitaba en una moción tras otra que el juez censurara información de corrupción. La defensa recibió llamadas de atención después de que Emma Coronel fue vista con un celular al interior de la corte y a causa de los tuits de Eduardo Balarezo. También se quejaron de no entrar siquiera con un café a la sala. La fiscalía se esforzó considerablemente en objetar casi cada pregunta de los abogados del Chapo.

A veces parecía que la mejor estrategia de la defensa era la de hacer del juicio un espectáculo, jugando bien las cartas de las apariencias ante la opinión pública: la entrevista que Emma Conronel dio a Telemundo justo antes de las vacaciones de Navidad, llevar a sus hijas al juicio para que el jurado viera al Chapo deshacerse de amor, solicitar al juez que el acusado abrazara a su esposa. Pero incluso en la estrategia de las apariencias y el uso de los medios, tuvieron problemas entre ellos. El escándalo de Lichtman había sido un error grave. Los abogados estaban tensos. En la cafetería, más tarde, Edda y Balarezo se encontraron. El abogado estaba enojado por las declaraciones del actor en la prensa.

El equipo de la defensa presentó un solo testigo y terminó con su caso completo en menos de media hora. Entre los abogados había discordia. Purpura y Balarezo creían que era mejor no presentar ni un testigo, dejar que el silencio sirviera como mensaje: no había nada qué decir porque no se dignarían a responder a la montaña de mentiras, desde su perspectiva, que presentó la fiscalía. No iban a participar en el juego de la reducción de sentencias por delatar al Chapo.

Lichtman tenía otra idea: explotar la teoría de la conspiración y tratar de evidenciarla con los pocos elementos que tenían. Fue el último abogado en sumarse al equipo de Guzmán Loera y, por tanto, era quien menos tiempo tuvo para estudiar la evidencia. Se centró en los hermanos Cifuentes Villa y en ellos quiso profundizar. Aunque parecía que a Balarezo y a Purpura no les caía bien Lichtman, al Chapo sí, por eso insistió en que él diera los alegatos de cierre.

El 29 de enero la defensa llamó a su único testigo, Paul F. Roberts, Jr., un agente del FBI quien fue el encargado de entrevistar a Alex Cifuentes por primera vez tras su extradición. En esa entrevista, el colombiano le contó al agente que su hermano Jorge Milton había corrompido a un agente de la DEA. A cambio de una caja con dinero en efectivo, el agente le había entregado en una memoria USB la evidencia que los estadounidenses tenían en su contra.

El punto de Lichtman era hacer obvio que los gobiernos de Estados Unidos y México tenían pleno conocimiento de las actividades criminales de los narcos, pero eran selectivos en su proceso de justicia. Con su testigo, trataba de comprobar que, mientras dejaban que Jorge Milton recibiera esta información, también le permitían testificar contra Guzmán Loera para reducir su sentencia. Quería comprobar que el trato hacia El Chapo era único y especial, e injusto.

Hubiera funcionado mejor, tal vez, si hubieran sido más testigos o si Lichtman no hubiera sido tan irrespetuoso con el único que llamaron. Todo el testimonio fue un poco brumoso. El abogado que había llamado al agente lo asediaba con preguntas agresivas. ¿Por qué no había indagado más o corroborado la información sobre un estadounidense corrupto? Por el contrario, en su contrainterrogatorio, el fiscal Adam Fels le decía al agente que estaba bien equivocarse a veces.

Eran las 10:05 de la mañana cuando la defensa cerró su caso.

Antes de salir ese día, los abogados de ambos lados revisaron con el juez los delitos imputados, cómo se presentaría la hoja de veredicto y las reglas para las deliberaciones. Sobre los alegatos de cierre, el juez tuvo una única indicación: Lichtman no podía hablar sobre una conspiración entre los gobiernos contra El Chapo. Había un acusado en el juicio y era Guzmán Loera, no el gobierno. El trabajo de la defensa era crear una duda razonable en el caso de la fiscalía, no presentar otro caso diferente.

EL LIMBO DE LA ESPERA

Once semanas de juicio. Cincuenta y seis testigos de la fiscalía, de los cuales 14 eran criminales colaboradores. Un testigo de la defensa, que había durado menos de 30 minutos en el estrado. Conforme se acercaba el final del proceso contra Guzmán Loera, la gente empezaba a llegar cada vez más temprano a formarse afuera de la corte. El 30 de enero de 2019 la fila para entrar a escuchar los alegatos de cierre de la fiscalía en la corte federal de Nueva York, en Brooklyn, empezó a las 3:00 de la mañana.

Con -5 grados centígrados y horas antes de una tormenta de nieve, reporteros de más de siete países y curiosos que no querían perderse la oportunidad de ver a uno de los criminales más célebres del mundo, llegaron a anotar su nombre en la lista para llevar récord de su hora de llegada. A las 4:30 horas ya había más de 15 personas formadas.

El edificio de la corte tenía dos hileras de puertas: las primeras daban paso a un vestíbulo estrecho y las segundas abrían el camino al interior del edifico. Por estar a temperaturas bajo cero, los guardias de la corte se apiadaron de nosotros y nos dejaron entrar por la primera puerta para esperar en el vestíbulo que tenía ductos de calefacción. Acurrucados, caminando o platicando, iniciamos la espera hasta las 7:00 para pasar por el primer detector de metales. Diez minutos antes de entrar, se oyó un grito. "¡Atención, todos, este tipo no quiere respetar la lista!" Un hombre vestido con una gabardina larga y bufanda azul, se quejaba de que la gente se colaba. Era la tercera vez que venía y nunca le había tocado entrar. Entre todos, intentamos razonar con él. Todos, colectivamente, fallamos. Al final, dos reporteros hablaran con los guardias de la corte quienes nos ayudaron a organizar la fila en el orden de la lista para entrar al edificio. Ese día se resolvió el problema, pero pronto habría uno peor.

Entre los madrugadores curiosos estaba Martín Rosas. Mexicano de nacimiento, creció en Long Island desde que tenía un año, cuando sus padres lo trajeron a Estados Unidos. Martín era dueño de una panadería, Casa Ofelia's, que le distribuía conchas, pan de muerto, banderillas y otros tipos de pan dulce al resto de Nueva York. Para él, el trabajo del Chapo era igual que cualquier otro. Distribuía mercancía y contrataba gente para hacerlo. No le veía ningún problema. De eso platicábamos en las largas horas de espera, mientras algunos reporteros se quejaban amargamente de la gente del público que venía a madrugar y ocupaba un espacio en la corte. "Es nuestro trabajo —decían—, no es justo." Martín bajaba la mirada, incómodo. Una vez arriba, me dijo: "Estaría padre que hubiera un tiroteo ahí afuera, ¿no?"

La euforia por la historia del Chapo y sus hazañas había permeado en la prensa. La gente tenía la idea de que al interior de la corte se describían cruentos asesinatos al grado de que con cada detalle casi se podía ver el salpicar de la sangre. Esto había movilizado gente desde San Francisco, Texas, Chicago y México, además de los residentes de Nueva York, con el objetivo de ver al Chapo.

Finalmente subimos a la sala 8D, donde dos bancas enteras estaban repletas de agentes federales que trabajaron, de una u otra manera, en el caso para atrapar a Guzmán Loera. Pudimos entrar menos periodistas de lo normal, en vez de

30, 18. Pasadas las 9:00, de último momento, entró el actor Alejandro Edda por segundo día consecutivo. Emma traía una camisa larga azul cielo sobre sus jeans y zapatos de tacón negros. Justo atrás de ella estaba Nedy Fulgencio, la capellana evangelista de Queens que rezaba todos los días por la liberación de Guzmán Loera.

La pantalla de la sala brillaba en un tono azul marino. Era una presentación en Power Point que había preparado la fiscalía para acompañar sus alegatos de cierre y garantizar que a ningún jurado le cupiera —un resquicio siquiera— duda razonable sobre la culpabilidad del acusado. Tratándose de Estados Unidos y de la fiscalía de una de sus ciudades más importantes del mundo, me sorprendió que se basaran en algo tan elemental y mundano como una presentación, además tan parca, en Power Point, para cerrar uno de los casos más relevantes que tendrían en décadas. Al centro leía: "Estados Unidos v. Joaquín Guzmán Loera" en letras amarillas.

El día de los alegatos de cierre empezó igual al día de la presentación del caso de la fiscalía tres meses atrás: problemas con el jurado. Era una casualidad cíclica que daba la sensación de cierre completo. El juez Cogan explicó que uno de los hombres suplentes podía ser despedido de su trabajo si continuaba asistiendo al juicio. Los abogados de la fiscalía y la defensa coincidieron en que lo más decente era dejarlo ir. Pero, después de ofrecerle la opción, el jurado suplente decidió quedarse. Ya había recorrido una odisea de meses, no iba a perderse el final. El segundo problema era más complejo. Una persona del jurado quería saber cómo le pagaba Guzmán Loera a sus abogados. Era una pregunta lógica, pero estaba mal que lo preguntara alguien del jurado. La noche anterior, Eduardo Balarezo entabló una batalla de tuits con Alan Feuer, el reportero del *New York Times*, quien criticó el trabajo de la defensa. Era difícil creer que los miembros del jurado no veían nada del juicio fuera de la sala 8D. El juez habló con la persona en cuestión y le dijo que tenía que basarse exclusivamente en la evidencia presentada.

Una vez resueltos los problemas iniciales y mientras esperábamos a que llegara el jurado, Balarezo se acercó a la prensa hispanohablante. A veces hacía eso, y nos regalaba un chocolate o un caramelo mientras lo bombardeábamos con preguntas. Jeffrey Lichtman, por su parte, sólo se acercaba a la primera fila donde estaban algunos reporteros anglosajones con asientos asignados; raramente hablaba con los demás. Ese día Balarezo nos dijo que, si lo encontraban culpable, Emma jamás volvería a ver a su esposo, quien probablemente iría a dar a la prisión de máxima seguridad de Florence, Colorado. Una prisión donde las celdas sólo tienen una ventana al cielo, para que los reos no sepan en qué parte de la cárcel están y no puedan planear una fuga. Añadió que Guzmán Loera permanecía optimista. "Es listo, no crean que no", comentó.

Finalmente, pasadas las 10:00, inició la audiencia número 37. Andrea Golbarg, la fiscal argentina, estaba lista. Vestía un traje sastre gris con falda y un pañuelo color vino envuelto alrededor del cuello. Llevaba su largo pelo ondulado suelto y lentes negros de pasta. Parada frente a las caras atentas de los doce miembros del jurado y seis suplentes que habían tenido que poner sus vidas en pausa desde el 13 de noviembre de 2018, empezó: "Alto en las montañas de Sinaloa, una fogata ardía en lo que se iba a convertir en una tumba superficial", dijo retomando el testimonio del último testigo colaborador, Isaías Valdez Ríos alias Memín, cuando presenció cómo el acusado torturaba y mataba a dos miembros de los Zetas en las montañas del triángulo dorado. "El hombre estaba golpeado, pero respiraba. Estaba vivo", dijo la fiscal, "hasta que Guzmán Loera lo insultó y le disparó". El gobierno de Estados Unidos había prometido mostrar una historia de drogas, dinero y violencia. Y había cumplido, dijo Golbarg. Antes de iniciar su explicación y recuento de los delitos, agradeció a los miembros del jurado por la atención que prestaron durante las 11 semanas.

Junto al podio donde hablaba Goldbarg había una cartulina que enlistaba los 10 delitos que se le imputaban a Guzmán Loera:

1. Ser el líder de una empresa criminal continua. Este delito estaba compuesto por 27 delitos de menor peso. La sentencia inmediata mandataria era cadena perpetua y para encontrarlo culpable, la fiscalía tenía que probar que el acusado había:
   a. quebrantado las leyes de tráfico de droga,
   b. cometido al menos tres de los 27 delitos menores,
   c. hecho lo anterior con cinco personas o más (no necesariamente de manera simultánea)
   d. organizado, supervisado o liderado a cinco personas, (no tenía que ser el jefe máximo, decía Golbarg, solo uno de ellos), y
   e. obtenido ingresos y recursos significativos a partir de estas actividades.
2. Conspiración para manufactura y distribución de cocaína, heroína, metanfetaminas y mariguana.
3. Conspiración para importar cocaína.
4. Conspiración para distribuir cocaína.

5 a 8. Distribución internacional de cocaína.

9. Uso de armas para realizar los delitos del 1 al 4.
10. Lavado del dinero procedente del tráfico de drogas.

Golbarg tenía un trabajo difícil: hacer de esa lista de términos legales y subcategorías, algo comprensible para 12 personas que no tenían experiencia en las leyes y que, además, seguramente estaban hartas del caso. La fiscal empezó por explicar el primero y más importante: ser un líder.

Nos remontó a aquellos primeros días del juicio, antes del frío, antes de Acción de Gracias, antes de que la sala 8D quedara sepultada por la avalancha de evidencia. Regresamos, todos los que habíamos estado ahí desde el inicio con los miembros del jurado, al testimonio del Rey. Golbarg recordó que el primer testigo había hablado de la estructura del cártel, del Mayo, de Amado Carrillo Fuentes, Vicente Carrillo Fuentes, Arturo, Héctor y Alfredo Beltrán Leyva, de Nacho Coronel y El Azul. Aquella tabla de liderazgo con tiras de velcro y fotos de las caras de los narcos se apareció en mi mente. Los miembros del jurado tomaban nota. Pidió la fiscal que hicieran memoria, ¿se acordaban cómo El Rey había detallado la división del territorio mexicano en plazas para controlar las costas y hacerse más fuertes juntos? Y no sólo eso, también había explicado que las plazas se controlaban con sobornos a funcionarios. No sólo El Rey, también Vicente, El Tololoche, Alex Cifuentes y Dámaso habían narrado eventos de corrupción. El Rey apodaba "El Yanqui" a los dirigentes de la PGR y Vicente se había reunido con uno. También mataban a quien no respetara los territorios de los demás. De hecho, dijo Goldbarg, El Chapo no había respetado la plaza de los Arellano Félix a finales de los ochentas, cuando aún era un narco de importancia media y lo empezaban a conocer como El Rápido. Había cruzado droga con Amado Carrillo Fuentes por Tijuana sin autorización, desatando la primera de las guerras que había librado el Cártel de Sinaloa.

Desde Puente Grande, Guzmán Loera había continuado con el tráfico de drogas, dijo Golbarg. Bastaba con que recordaran el testimonio del Rey, El Futbolista, El Barbas, Chupeta y El Tololoche. Al escaparse de la prisión de máxima seguridad en 2001 y regresar a las montañas del triángulo dorado,

El Chapo había establecido su sociedad con El Mayo. "Era la mejor época del Cártel de Sinaloa", dijo Goldbarg, "hasta que empezaron a destruirse entre ellos, uno a la vez". ¿O que no se acordaban de lo que dijo Tirso Martínez Sánchez, cuando contó que los demás líderes le habían dado permiso al Chapo de matar a Rodolfo Carrillo Fuentes por faltarle al respeto? ¿No se acordaban de 2008, el año en que —según Dámaso López Núñez— los Beltrán Leyva le declararon la guerra al Chapo? Una guerra durante la cual, según El Rey, 12 personas murieron tan solo en el primer día. El mismo año que arrestaron al Rey Zambada.

Para encontrar al acusado culpable, no sólo tenían el testimonio de 14 personas, mensajes de texto, libros de contabilidad y llamadas, dijo Goldbarg, también podrían hacer uso de su sentido común. ¿Quién viaja con autos blindados? ¿Quién tiene túneles de escape bajo las tinas? ¿Quién tiene un zoológico con trenes en su casa? ¿Quién tiene un ejército luchando contra sus enemigos? ¿Quién tiene empleados dedicados a llevarle comida a sus guaridas en las montañas? Un jefe, concluyó Goldbarg, y no sólo un jefe, sino el jefe de jefes. Habíamos oído a Lucero, a Alex Cifuentes y a Dámaso referirse al cártel —durante los últimos días antes de la extradición de Guzmán Loera— como una empresa y al Chapo como su líder.

Todo esto, dijo la fiscal, era porque lo que le daba sentido a la vida de Guzmán Loera era ganar billones de dólares traficando droga. ¿Cómo? Por tren, con Tirso. Inundando las calles de Chicago, con los hermanos Flores. Vendiendo cocaína en Nueva York, a través de los Cifuentes Villa. La fiscal mostró dos de las decenas de llamadas que habíamos oído anteriormente, una donde se oía al Chapo hablar del *perico* y el *hielo*, y otra donde el acusado buscaba construir una pista de aterrizaje en la República Dominicana para traficar la droga de Venezuela (de donde era El Loco, como se referían los narcos a Chávez). "¡Así es como administraba su imperio ilegal!", dijo Golbarg. Enseñó los mensajes de texto entre Agustina Cabanillas y El Chapo, discutiendo distribución de cocaína, y con Emma Coronel, hablando del tráfico de drogas del papá de Emma.

Acuérdense, le decía Goldbarg a los miembros del jurado, de cómo Jorge Cifuentes dijo que Guzmán Loera era un gran negociador, cuando le quería comprar cocaína al representante de las FARC. De cómo los hermanos Cifuentes mandaban envíos desde Ecuador. Acuérdense, insistía la fiscal, de lo que dijo El Tololoche, de los ranchos que tenía El Chapo en todos los estados de México, de su viaje a Tailandia, del negocio con Chupeta, del primer sistema de comunicaciones del Chapo para espiar a sus amigos y novias. Y que no se les fuera a olvidar el elaborado sistema de encriptación que le instaló 15 años después Christian Rodríguez descrito por los hermanos Cifuentes, Lucero Sánchez, Dámaso López Núñez e Isaías Valdez Ríos. ¿No habían oído también de boca de Alex Cifuentes, del Licenciado, del Tololoche, del Rey, de Memín y de Lucero cómo El Chapo mandaba matar a los traidores? ¿No había reconocido Dámaso que en un video salía un sicario de los Beltrán Leyva torturado por el Chapo? ¿No había confirmado Alex que en el video donde cacareaba un gallo, se veía a Guzmán Loera interrogando a un miembro de los Zetas?

El Chapo anotaba en una libreta mientras los miembros del jurado veían a la fiscal entre aburridos y fastidiados. Guzmán Loera le hacía señas a Lichtman, ocasionando la desaprobación de Balarezo, sentado en medio de los dos. Andrea Golbarg estaba resumiendo tres meses de juicio en un día. En sus palabras, resumía "una cantidad pasmosa de evidencia". No exageraba.

Después de un descanso continuó, ahora para hablar de los mensajes entre Emma y El Chapo, donde detallaban las medidas de la ropa del acusado cuando escapó de Los Cabos, misma talla que habían corroborado Alex Cifuentes y Lucero López en sus testimonios. Golbarg no quería que perdieran ningún detalle. En la casa de Los Cabos habían encontrado libretas con evidencia, con los apodos de los hijos del Chapo, que había confirmado Dámaso López Núñez. Era tal el grado de detalle de los alegatos de Golbarg, que no me quedaba claro si esto ayudaba o perjudicaba en la impresión del jurado. Era un resumen exhaustivo, sin duda, pero también los trataba como idiotas.

Para mediodía, la mayoría de la gente en la sala se estaba quedando dormida. Adam Fels, el fiscal que había hecho los alegatos iniciales meses antes, sostenía su cabeza con las manos, dormitando con ojos cerrados. En la mesa de atrás, Guzmán Loera, vestido con traje y corbata negros, y camisa gris, se rascaba la cara, tomaba notas y hablaba con Balarezo. Lichtman veía su celular.

Con ese recuento de testimonios, Golbarg se dio por satisfecha para recordarle a los miembros del jurado cómo habían comprobado que Guzmán Loera era un líder, lo cual representaba dos partes del primer delito en su contra. Lo siguiente que tenía que hacer era convencerlos de que la fiscalía había demostrado que el acusado cometió los 27 delitos de menor categoría. Uno por uno, fue detallando qué testimonios comprobaban cada delito menor. Cuando terminó de enlistarlos, pasó a los otros nueve delitos de las acusaciones. Mientras la fiscal Goldbarg se extendía después de las 16:30 horas —cuando normalmente terminaban las audiencias— afuera caía una tormenta de nieve de magnitudes históricas.

El día siguiente empezó aún más temprano. Esa madrugada se había desatado un vórtice polar que cubría todo el norte de los Estados Unidos con una capa de invierno indescriptiblemente fría. Me acuerdo salir de mi casa con miedo porque hacía tantísimo frío que en Facebook había videos de spaghetti congelado en el aire. A -14 grados llegamos a formarnos al vestíbulo de la corte. Yo llegué a las 3:45 de la mañana y cometí un error de principiante: sentarme en el piso. Con Emily Palmer, del *New York Times*, nos quedamos petrificadas. Los reporteros que iban llegando y podían soportar el frío, se quitaban una bufanda, guantes o alguna capa extra de ropa para cubrirnos. Nedy Fulgencio, la capellana de Queens, nos puso encima una manta felpuda color rosa fucsia que se ponía a veces sobre la cabeza para rezar. Para pasar el tiempo, congelados y atrapados a merced de las manecillas del reloj, sacamos celulares y empezamos a cantar la canción que a todos nos unía, "Un Puño de Tierra":

"El día que yo me muera,
No voy a llevarme nada,
Hay que darle gusto al gusto,
La vida pronto se acaba,
Lo que paso en este mundo
Nomás el recuerdo queda,
Ya muerto voy a llevarme...
Nomás un puño de tierra…"

Con cada estrofa salía vaho en gran cantidad de nuestras bocas por el frío de la madrugada que todavía no se convertía en el día siguiente. Se decía fácil haber cubierto 38 audiencias, 14 testimonios cruentos y prácticamente tres meses de juicio, pero el cansancio físico, mental y, sobre todo emocional, cobraba factura.

A las 7:00 de la mañana, después de varias rondas de corridos y baladas pudimos entrar. Fue tal la desmañada y el agotamiento, que los reporteros, ya en la sala 8D empezamos a aplaudir cada vez que lograba entrar un periodista más. Ese día estaban de visita varios fiscales de Miami y Washington D.C. Cómo sería nuestro grado de euforia y la cercanía de la relación que habíamos tejido, que los fiscales de otros estados nos veían asombrados. ¿Bajo qué condiciones habíamos cubierto el juicio?, querían saber. ¿Quiénes éramos los regulares?

Lichtman inició, usando su traje negro con rayas, camisa y corbata azul, secándose la frente. Tenía 170 páginas para leer. Lo primero que hizo, después de saludar a los miembros del jurado, fue darles las gracias a su nombre y a nombre del señor Guzmán, su cliente, y pedirles perdón. "Perdón si soné insoportable, o si pregunté lo mismo una y otra vez. Perdón, pero mi trabajo no es fácil", les dijo. "No los quise ofender."

Invitó, después, a los miembros del jurado a reconsiderar todo lo que había dicho el día anterior la fiscal Andrea Goldbarg. Aunque el gobierno presentara su evidencia como hechos, sólo era un discurso. "Tener fe ciega en nuestro gobierno no nos ha salido bien, ¿o sí?" Les preguntó y, yendo aún más lejos, dijo: "¿Confían en el gobierno, en la ley y el orden? ¿Así los criaron, para confiar ciegamente?" Tal vez viniendo del latino Balarezo ese discurso se hubiera escuchado mejor, menos falso, menos condescendiente. Pero viniendo del arrogante Lichtman, no parecía estar teniendo el efecto deseado en 18 personas, en su mayoría mujeres y negros, con algunos latinos, de clase trabajadora, que lo veían con miradas de odio.

El equipo de la defensa estaba compuesto por tres abogados principales, todos hombres. La fiscalía tenía seis, donde la mitad eran mujeres. Entre los nueve abogados de ambos lados, dos eran latinos: Golbarg y Balarezo. No había un solo abogado negro. Enfrente de ellos, estaba el jurado, compuesto por 11 mujeres, 11 negros y cuatro latinos. Tal vez al país le convendría invertir en la educación de la gente común y corriente para que, algún día, aquellos que presentaban los casos se parecieran a los que tenían que decidirlos.

Regresó a su historia del primer día sobre la conspiración. Joaquín Guzmán era un conejo que el gobierno mexicano perseguía con el dinero del Mayo, explicó. "Todos ellos son parte de esto", dijo señalando a los fiscales sentados en la mesa de junto. "No me gusta decirlo", añadió, "porque yo también vivo aquí, pero son parte de esto". No estaba haciendo caso a las advertencias del juez. La fiscalía interrumpió su discurso en varias ocasiones, objetando. El gobierno no estaba siendo juzgado, sino El Chapo, decía el juez. La mirada de Parlovecchio atravesaba a Lichtman con furia.

Después del discurso del abogado, ese fin de semana, la fiscalía hizo público uno de los documentos que habían estado sellados durante todo el juicio. Se trataba de una de las declaraciones de Alex Cifuentes, donde el testigo aseguraba que El Chapo violaba a menores de edad que le llevaba La Comadre María a la sierra. Las niñas eran tan jóvenes que algunas tenían apenas 13 años y, según el documento, Guzmán Loera las consideraba sus vitaminas para no envejecer. La defensa se quejó amargamente de esto ante el juez, pero después de preguntarle a los miembros del jurado si alguno había visto alguna mención de las acusaciones de pederastia, los 18 neoyorquinos le aseguraron que no. Después de todo iba en contra de las reglas consultar los medios de comunicación o cualquier información fuera de lo que se dijera al interior de la corte.

"No se puede decir que el gobierno es corrupto en esta sala sin ocasionar una protesta", dijo Lichtman. Pasó a recordarles que Christian Rodríguez no había pagado impuestos y se lo habían permitido y que Pedro Flores había embarazado a su esposa estando bajo la custodia del Estado. Algunos miembros del jurado se rieron con el recordatorio de la anécdota del gemelo, pero Lichtman estaba en una posición muy precaria para hacer juicios morales sobre las relaciones sexuales mencionadas en esos meses, sobre todo después de su propio escándalo. Pero esto, se suponía, el jurado no lo sabía.

"Los testigos que vinieron a testificar pronto estarán libres entre ustedes", dijo usando una vez más esa frase xenófoba que le encantaba. "Realmente estamos trayendo lo peor", añadió. Si Lichtman notaba, o no, que cuatro miembros del jurado eran latinos, era imposible de saber. El discurso del abogado de la defensa tenía comentarios que resonaban fuertemente con el clima político afuera de la corte federal. El juicio había atravesado por el cierre de gobierno más largo en la historia de Estados Unidos, donde por más de un mes, el presidente Trump se negó a continuar con las negociaciones de la asignación del presupuesto hasta no acordar fuentes de financiamiento para su prometido muro fronterizo en la frontera sur con México.

Durante las siguientes horas, Lichtman repasó el testimonio de cada testigo, recordando los momentos exactos en los que cada uno había mentido. La mayor cantidad de tiempo la destinó a los hermanos Cifuentes Villa, la parte de la defensa que le tocó trabajar y los dos únicos testigos que él había interrogado. Su obsesión con los hermanos iba a perjudicar el caso, había dicho Balarezo desesperado el día anterior.

Sobre Vicentillo, dijo que el gobierno de Estados Unidos lo había torturado durante su estancia en prisión, ante lo cual el juez intervino para decirle al jurado que eso no era cierto. Sobre Lucero, dijo que la habían mandado llamar porque era una "mujer triste" y nada más, lo cual no parecía ser bien recibido por las 11 mujeres del jurado y suplentes en el esplendor del movimiento #MeToo; sobre Chupeta hizo bromas de los cambios en su apariencia física, incluyendo las cirugías en sus orejas. Animales viciosos y salvajes, llamó a los testigos.

El discurso de Lichtman era una exageración. En un momento incluso se paró junto a Guzmán Loera y dijo, con la voz temblando, que él también era un ser humano. Que él también quería abrazar a sus hijas. Conforme llegaba al final, habló sobre la evidencia que presentó la fiscalía, para intentar desacreditarla. Eso sólo lo hacía porque Purpura lo había obligado, le dijo a los miembros del jurado, mientras Balarezo, Purpura y Colon Miro lo veían enojados desde sus asientos.

Para finalizar pidió perdón una vez más por agotar a su público con tantos detalles, pero estaba luchando por la vida de un hombre, en sus palabras, y por eso lo había hecho, para cubrir las paredes de esa sala con duda razonable. Si no fuera abogado, Lichtman tal vez hubiera sido buen dramaturgo. "Tienen todo lo que necesitan para absolver al acusado", les dijo, "es sólo cuestión de que tengan la voluntad de hacerlo". Prosiguió a suplicarles que se aferraran a sus principios y no cedieran por nada del mundo, parecía estar al borde de las lágrimas.

La fiscalía tenía el derecho de réplica. Amanda Liskamm habló. En los interrogatorios que había dirigido, la joven había sido bastante gris. No resaltaba. Pero el día de su réplica brilló. Sin leer nada —a diferencia de Lichtman— y caminando con holgura por toda la sala —a diferencia de Goldbarg—, Liskamm explicó con absoluta claridad las cosas que tenía que tener en mente el jurado para deliberar: que los testigos colaboradores —esa gente que la defensa había llamado animales depravados, salvajes y amorales— no los había seleccionado la fiscalía; los había elegido el señor Guzmán al convertirlos en parte de su vida, de su empresa criminal y de su familia. Por eso estaban ahí. También les recordó a los miembros del jurado que lo importante de los testimonios de esos criminales no eran las partes esporádicas donde mentían, sino las miles de secciones en las que coincidían sus historias. El gobierno no les pedía creerle a cada testigo individualmente, les pedía evaluar cuántos datos, entre todos, habían corroborado. Con Liskamm terminaron los discursos, las preguntas, el asedio al jurado, la exposición de argumentos, la presentación de evidencia. Con Amanda Liskamm terminó el juicio y su silencio dio pie al inicio de las deliberaciones.

El jurado se tomó seis días. En esas largas horas de espera pasó todo lo que no había ocurrido en tres meses. El primer día de deliberaciones, el 4 de febrero, dos hombres decidieron ignorar la lista por completo. Uno era un mexicano que ya se había metido antes y el otro un estadounidense que decidió que donde cabía un gandalla, cabían dos. El mexicano venía peinado con mucho gel, la barba de candado acicalada, usaba un abrigo gris, zapatos cafés con correas sujetadas por hebillas y portaba una dosis excesiva de arrogancia. Los días anteriores había estado esperando a Emma y salía con ella de la corte. Algo que no podíamos perder de vista era que no sabíamos quién era la gente del público cuando salían a la calle.

Tuvimos que hacer una cadena humana "como en las marchas", nos decíamos, para aguantar sus embates al empujarnos. Ese día, cuando pedimos la ayuda del vikingo californiano, Adam dijo que la lista no tenía ninguna validez oficial y dejó que reinara la anarquía. Los abusivos entraron a la sala y nosotros perdimos la batalla.

También ese día llegó por primera vez Marina Álamo, una antropóloga que venía a observar al público del juicio y eso nos incluía a nosotros, los periodistas. Su presencia nos hizo reconocer, tal vez por primera vez o de manera más profunda, lo que nos estaba sucediendo. Esa sociedad pequeña que habíamos formado donde cada quien tenía un rol, una función y donde todos habitábamos al interior de un micro cosmos del cual no queríamos salir. Para mí, éramos una versión adulta de *El señor de las moscas*. En vez de estar en una isla comiendo jabalís, estábamos adentro de la sala 8D sin dormir. Estábamos en un espejismo, en un mundo paralelo e irreal, donde madrugar era sinónimo de mérito, donde apuntar era equivalente a trabajar y donde cargábamos todos, unidos, con el peso de la responsabilidad de presenciar algo histórico que nos tocaba digerir para narrar, de la manera más fidedigna posible, al resto de la humanidad. Compartíamos ese peso y nos distribuíamos la carga de la responsabilidad.

Las dibujantes, por primera vez, se podían parar de sus asientos y moverse libremente al interior del cuarto, cambiando el ángulo de sus dibujos y posicionándose de frente a Emma Coronel. Tenían tiempo, al fin, de retratar a personajes secundarios como los fiscales o los abogados de segundo nivel.

Los alguaciles se dieron cuenta, después de tres meses, de que un par de adolescentes que se sentaban junto a la esposa del acusado había mentido sobre su identidad todo ese tiempo. En el juicio con más seguridad de la historia, dos imberbes habían dicho ser estudiantes de cine, de periodismo, de filosofía, familiares de Purpura y aprendices de Mariel Colon Miro, para saltarse la fila y sentarse en la banca de la defensa. Nunca se los cuestionaron. Probablemente era el reflejo de una sociedad donde ser hombre y ser blanco seguía siendo un privilegio, un cheque en blanco para pasar sin ser cuestionado, incluso hasta la banca de la esposa del criminal más buscado del mundo durante el juicio del siglo.

Quedó todavía más claro cuando llegó René Rivera Martínez a sentarse en esa misma banca, alegando ser de la familia de Guzmán Loera. Pero el latino no corrió con la misma suerte que los pseudoestudiantes, pues en cuanto gritó que no podían tocarlo, los alguaciles lo escoltaron al exterior de la sala e hicieron una búsqueda de sus antecedentes penales. Con dos órdenes de arresto por acoso, el hombre fue arrestado y después entregado a las autoridades migratorias para su deportación.

Mientras esperábamos a que el jurado deliberara, la vida seguía. En sexto piso de la corte, por ejemplo, empezaban las audiencias de un caso donde un narcotraficante había importado cocaína en las panzas de un grupo de cachorros. Extrañamente, después de haber escuchado sobre asesinatos, traiciones, cabezas colgando tras recibir cientos de balas de cuernos de chivo, los cachorros con las panzas llenas de cocaína nos indignaban tal vez más que todo lo que habíamos oído y no alcanzamos a procesar.

Como parte de sus deliberaciones, los miembros del jurado pidieron revisar nueve testimonios: el de Jesús Reynaldo Zambada García, El Rey, cuando hablaba de Chéspiro —el hombre con quien se reunió para importar efedrina—, el de Jorge Milton Cifuentes Villa, Alexander Hildebrando Cifuentes Villa, Juan Carlos Ramírez Abadía, Chupeta —sobre las embarcaciones Lina María y San José—, Juan Aguayo —el agente que arrestó a los hombres con las pangas pesqueras llenas de mariguana en San Diego—, Scott Schoonover —el agente que testificó sobre las incautaciones en el Lina María, San José— y Clifton Montgomery Harrison —el agente que testificó sobre la incautación en el Gatún—. Cada día que pasaba sin un veredicto era una victoria para la defensa, porque en ese mundo de apariencias, la señal evidente era que su trabajo había sembrado la duda en un caso que el gobierno de Estados Unidos había pasado 30 años construyendo.

En la sala 8D esos seis días se detuvo el tiempo. Flotamos todos en un limbo difícil de recrear, donde la espera era lo único que existía. Sin celulares, sin computadoras, sin testimonios que apuntar, estábamos suspendidos en el limitado espacio entre seis bancas de madera y la tensión constante que representaba la posibilidad de que, en cualquier momento, llegaría el veredicto.

DIEZ VECES CULPABLE

El día anterior al veredicto me fui a la corte de Harlem a Brooklyn, en Uber. El metro de Nueva York no transitaba de manera regular en las madrugadas y antes de las 4:00 de la mañana perdía hasta 20 minutos esperando un tren. Esos minutos eran clave para entrar a la sala las últimas semanas y no los podía sacrificar esperando. No era la única que había empezado a tomar medidas extremas ante la desesperación. Emily Palmer del *New York Times* y Noah Hurowitz de *Rolling Stone* habían pasado una noche cada uno en sacos de dormir sobre la banqueta, afuera de la corte. Jugando, a Noah le habíamos escrito un letrero que decía: "Necesito ayuda. Necesito que este caso termine." Era broma, pero era en serio.

Iba en el Uber, dando vuelta sobre Cadman Plaza East, la calle donde estaba la corte, cuando el radio sintonizó una canción ranchera. No podía ser: "Hay que darle… gusto al gustooooo", escuché. Sí, sí era. "Un puño de tierra." "La vida pronto se acaba…", canté en voz baja la canción que a esas alturas ya había memorizado, oía la canción en el radio, dentro del coche en movimiento y en la oscuridad de la noche mientras pensaba con nostalgia en lo que habían sido esas semanas en la sala 8D, "lo que pasó en este mundo nomás el recuerdo queda…", el edifico de cristales se empezó a materializar por la ventana, "ya muerto voy a llevaaaaarmeeeee nomás un puuuño de tieeerraaaa…" ¿Era una señal? Me bajé del coche.

Durante los días de las deliberaciones, probablemente cada uno de los reporteros tuvimos "un sentimiento" de que ese día sería *el día*. En realidad, eran nuestras ganas de que la espera terminara, o nuestros deseos de estar listos cuando llegara. El 12 de febrero de 2019 había pronóstico de nevada. Por primera vez en una semana, varios coincidimos que no queríamos que ese día llegara el veredicto. Que llegara el miércoles 13, o el día de San Valentín. Incluso la siguiente semana, pero no el día de la nevada. Era la semana 13 y la jornada 44 de cobertura.

Estábamos en la sala, haciendo platica de nada y de todo, con libros que no leeríamos entre las manos, hablando del pasado, de lo que haríamos después, de los cigarrillos electrónicos y de armadillos, tratando de decidir si era buen momento para bajar a comer el almuerzo, de pronto, a las 12:00 —de la puerta por donde entraba el jurado— salió una empleada de la corte, Melonie Clarke, para decir de manera casi inaudible pero suficientemente clara para que pudiéramos leerle los labios: "Hay veredicto."

"¡Hay veredicto! ¡Hay veredicto!" Empezó a gritar Marta Dhanis, la productora de Fox News, que minutos antes estaba desbalagada en una de las sillas de los alguaciles federales. Algunos reporteros salieron a avisarle al resto, a los que estaban en el Bayway Café o en el cuarto de prensa del sexto piso. Había veredicto. En el fondo nadie estaba listo. A partir de entonces todo sucedió en cuestión de minutos.

Los fiscales empezaron a entrar por la puerta, llenando la fila de la izquierda. A las 12:06 entró la intérprete del Chapo, quien le traduciría el significado de su futuro, decidido por un jurado de 12 desconocidos. Traía un suéter rojo carmín bajo un saco negro. A las 12:07 entraron los que no estaban en la sala: Eduardo Balarezo. Después Gina Parvlovecchio y Michael Robotti. Les siguió su jefe, el fiscal general del Distrito

Este de Nueva York, Richard P. Donoghue. Los fiscales y los abogados de la defensa se acercaron de mesa a mesa para estrechar manos, reconociendo el trabajo de tres meses, como dos equipos rivales de un partido que termina. A las 12:12 entró Emma Coronel Aispuro con un saco verde esperanza. Lo que había empezado el martes 13 de noviembre terminaba exactamente tres meses después, el martes 12 de febrero.

Una vez que todos tomaron su lugar, nos paramos para esperar a que llegaran los miembros del jurado. Adam nos recordó las reglas: una vez iniciada la lectura del veredicto nadie podía salir hasta que la lectura terminara. Asentimos, nos repetían las reglas dos veces al día todos los días. Sandro Pozzi, corresponsal de *El País*, aprovechó para agradecerle a los alguaciles Adam, Carlos y Dolores por mantenernos a salvo. Aplaudimos. Desde adelante, con su cabellera platinada y ojos cristalinos azules, Donoghue volteó sonriendo. Justo antes de que una hilera de alguaciles resguardase la puerta con armas, uno de los miembros del escuadrón K-9 antibombas entró a la sala en ropa de civil.

"Estoy nerviosa..." "Yo también...", se escuchaban algunos susurros desde las bancas. Entró el juez Cogan. Se abrió la puerta por donde entraba el acusado, se oyeron las cadenas de sus grilletes al caer al suelo y Joaquín Guzmán Lorea entró por última vez durante el juicio en su contra a la sala 8D. Con traje y corbata negros, y una camisa gris, saludó a su esposa.

Los 18 miembros del jurado y suplentes entraron por la puerta y ocuparon sus mismos lugares de siempre. A las 12:26 el juez le preguntó a la persona responsable del jurado, una joven latina, la número 11, si era correcto que habían encontrado un veredicto unánime para todos los delitos. Respondió que sí y le entregó la hoja con las decisiones a la señora Clarke, quien a su vez la entregó al juez.

Empezó la lectura. "En el delito uno", dijo el juez, "participar en una empresa criminal continua, el jurado encontró al acusado culpable". Conforme avanzaba la lectura de los delitos la voz del juez se iba difuminando entre los susurros de la traducción inmediata y solamente resaltaba nítido el siguiente: culpable.

Murmullos en inglés, susurros en español.

Culpable. La cara del Chapo poco a poco se desencajó al escuchar que pasaría el resto de su vida en una celda cuya única ventana daba al cielo.

Culpable.

Las caras de los reporteros volteando a ver a Emma Coronel, estoica.

Culpable.

Las caras de los abogados de la defensa negando, en silencio, con las miradas bajas.

Culpable.

El peso de la ausencia de sollozos o suspiros por parte de la esposa del capo.

Culpable.

Plumas recorriendo papeles en los últimos minutos, como en los primeros.

Culpable.

Los instantes finales antes de desperdigarnos para romper con lo que había sido un mundo.

Culpable.

Culpable.

Diez veces culpable.

El abogado William Purpura se paró de su asiento e hizo uso del derecho que tenía la defensa para preguntarle a cada uno de los miembros del jurado si había llegado a su decisión libremente y la sostenía. Uno a uno, los 12 neoyorquinos dijeron que sí. El juez no evitó decir unas últimas palabras en esa, su sala, al jurado que había soportado y servido a su país en el juicio del siglo. Les agradeció, los felicitó y les dijo que lo habían enorgullecido de ser estadounidense.

Con señas de cariño, besos al aire y palmas al corazón, El Chapo se despidió de su esposa hasta la siguiente y última vez que podría verlo: durante su sentencia en la misma corte federal, el 25 de junio.

Eran las 12:35 y el juicio del siglo había terminado.

Salimos con prisa y nos dispersamos como un globo lleno de agua que revienta, sin o con plena consciencia de que esos habían sido nuestros últimos instantes al interior de la sala 8D. Afuera, bajo la nevada que nos golpeaba la cara con trocitos de hielo y realidad, las cámaras esperaban la salida de Emma, de Balarezo, de la fiscalía. Abajo, en la puerta del edificio, se formaba una decena de policías militares con rifles de asalto para resguardar la corte, la decisión del jurado, la solemnidad del proceso o el destino del Chapo. Algo, aunque no quedaba claro qué, estaban resguardando con ese alarde de armas largas.

Habló Richard P. Donoghue bajo una carpa que lo cubría de la nieve. Dijo que el jurado había encontrado culpable a Joaquín El Chapo Guzmán de todos los delitos en su contra, incluyendo liderar el Cártel de Sinaloa, una de las organizaciones más grandes y peligrosas del mundo, responsable de violencia, asesinatos y el tráfico de cantidades masivas de narcóticos a los Estados Unidos durante décadas. Enfatizaba cada hipérbole. "Es una sentencia de la cual no hay escapatoria ni retorno", añadió frente a los reporteros que grababan sus palabras. El discurso continuó con una letanía de esos lugares comunes de la guerra contra las drogas: el capo enriqueciéndose a costa del sufrimiento de los estadounidenses a quienes envenenaba sin reparo. Extendió las congratulaciones a México, dijo que era también una victoria para el país con miles de víctimas de violencia por el narcotráfico. Afirmó que la guerra contra las drogas seguía siendo tan necesaria como siempre, porque todos los días moría un estadounidense en casa. Al final reconoció que todo eso sucedía a partir de la corrupción endémica que debía terminar. Éste, dijo, era un día de ajuste de cuentas y habría muchos más.

Emma Coronel, rodeada por guardaespaldas, salió del edificio de la corte para dirigirse directamente a un vehículo que la esperaba a media calle. No habló con ningún medio de los que esquivó mientras la atarantábamos con preguntas.

Después hablaron los abogados de la defensa, en dos grupos. Una vez terminado el caso no tenían que esconder su enemistad, la escisión del Chapo Team se había hecho pública. Por un lado, hablaba Lichtman; por otro Balarezo y Purpura. A pesar de estar en desacuerdo sobre la estrategia del juicio, sus mensajes post veredicto eran muy similares. Los tres abogados argüían que su cliente no había recibido un trato justo. Que había estado en asilamiento dentro de la cárcel, donde difícilmente podía ayudar a su propia defensa. Además, reclamaban toda la información que el juez les había prohibir abordar y la cantidad de evidencia presentada con tan poco tiempo de antelación por la fiscalía antes del juicio. Remataban diciendo que la corrupción del sistema permitía a unos criminales salir libres a cambio de su testimonio para agarrar a otro criminal.

Esa noche la DEA publicó los videos de la extradición del Chapo, donde se veía a un Guzmán Loera confundido y claramente asustado. En el video, le acababan de decir que estaba en Nueva York, el destino misterioso del vuelo que abordó horas antes en Ciudad Juárez. Sus ojos en ese video, reproducidos en los millones de dispositivos a la vez, después de su veredicto de culpabilidad, se veían vidriosos. El espectáculo del juicio continuaba, y con él, la explotación de la idea de un villano supremo que el todopoderoso sistema de los Estados Unidos había logrado vencer.

Guzmán Loera era culpable. Todo había cambiado y todo seguía igual. Los políticos mexicanos y colombianos mencionados en el juicio como receptores de sobornos del cártel seguían libres. Días antes de ese mismo mes, el 2 de febrero de 2019, le pregunté en Boston,[23] a Santiago Nieto Castillo, titular de la Unidad de Inteligencia Financiera de la Secretaría de Hacienda y Crédito Público (SHCP) y ex fiscal electoral, qué se estaba haciendo respecto a las acusaciones contra los funcionarios corruptos y por qué nunca se había incautado una propiedad del Chapo ni se le habían encontrado tampoco escondites con dinero.

"Es un asunto prioritario —dijo—, entonces vamos a desarrollar la investigación. En ese caso y en todos los que están pendientes. Está pendiente el tema de Sandoval también por corrupción en Nayarit, que se vincula al caso del Chapo Guzmán porque Veytia, que era el fiscal de Nayarit, está relacionado con un asunto. El tema es que, primero, parte de los recursos se van a Estados Unidos y otros países y lo que necesitamos es darle seguimiento para repatriar el dinero al país en cuestión. Que el dinero vaya a México. Cuando es decomisado por autoridades extranjeras queda congelado fuera." ¿Y las propiedades?, insistí: "En propiedades, generalmente están trabajando con testaferros, pero sí es posible. Lo que se necesita aquí es inteligencia para generar una red donde está el sujeto y al sujeto lo relacionas como accionista, como representante legal, como apoderado y a partir de ahí, va a venir el uso de efectivo, coches, joyas." ¿Y el dinero que le hicieron llegar a JJ Rendón para la campaña de Peña Nieto?, quise saber: "Todos los asuntos de la elección, entiendo que ya están en la Fiscalía General de la República y ya tienen orden de judicializarlos, como el tema de fiscalización a la campaña", concluyó Nieto Castillo.

Tres días después del veredicto, el 15 de febrero de 2019, Donald J. Trump declaró estado de emergencia para financiar la construcción del muro en la frontera con México, sin la necesidad de la aprobación del Congreso. Era su nueva estrategia después de su fracaso durante el histórico cierre del gobierno.

Un día después, el 16 de febrero, el presidente de México, Andrés Manuel López Obrador, visitó el pueblo del Chapo, Badiraguato, Sinaloa, donde "llamó a la reconciliación para buscar la paz".[24] Además, el presidente prometió reiniciar la construcción de una carretera que conectara a las comunidades locales atravesando la sierra, obra que se inició a finales de los setentas y —más de 40 años después— no se había terminado. También anunció que pretendía crear más de 20 mil empleos con la siembra de 50 hectáreas de árboles maderables. Al día siguiente llegó a Tamazula, Durango, donde anunció la construcción de más carreteras regionales. La visita del presidente al triángulo dorado estaba planeada desde, al menos, el 7 de febrero, cinco días antes de que se supiera el veredicto del Chapo.[25]

El 20 de febrero, ocho días después del veredicto, Keegan Hamilton, el reportero que cubrió todo el juicio para *Vice News*, publicó la primera entrevista a uno de los miembros del jurado en el juicio contra Guzmán Loera. La persona entrevistada permaneció anónima y contó lo que se vivió entre ese grupo de desconocidos. Los 18 neoyorquinos elegidos para hacer uso de su sentido común, elogiados por el juez Brian M. Cogan por seguir las reglas al pie de la letra, mintieron. Habían hecho todo lo que tenían prohibido: comentar el caso entre ellos, compartir notas antes de las deliberaciones y —sobre todo— consultar medios de comunicación, incluyendo las redes sociales de los periodistas cubriendo el juicio. Se habían tomado seis días en deliberar porque había una mujer muy terca. Y discutían si era, o no, muy cruel encontrar al acusado culpable porque eso significaba mandarlo a una celda, solitario, por el resto de su vida.

Ese mismo día, Eduardo Balarezo anunció que estaban estudiando sus opciones legales, ya que desde el punto de vista de la defensa, su cliente no había recibido un juicio justo.

Estados Unidos necesitaba replantear su sistema de justicia, especialmente a partir de que el ciclo de noticias se había convertido en una actividad de 24 horas los 7 días de la semana, aunado a la ubicua presencia de las redes sociales en la vida cotidiana. El juez les concedió 30 días para presentar la moción.

Al día siguiente, el jueves 21, la corte federal de Washington D.C. hizo públicas las imputaciones contra dos de los hijos de Guzmán Loera: Joaquín y Ovidio, por distribución e importación de droga a Estados Unidos. Las imputaciones existían desde abril de 2018, pero la corte las hizo públicas hasta una semana y media después del final del juicio del Chapo. El día siguiente, Eduardo Balarezo le escribió al juez anunciando su intención de presentar una moción para pedir un nuevo juicio a partir de las declaraciones del miembro anónimo del jurado. El juez le concedió 30 días para presentar la moción. El 26 de marzo los abogados del Chapo presentaron la moción. Oficialmente pedían anular el juicio.

Las cosas después del veredicto sucedieron de manera muy rápida. Al igual que cuando salimos de esa sala, los eventos empezaron a desparramarse como una cascada de piezas políticas en un reacomodo instantáneo. El Chapo Guzmán era 10 veces culpable, pero las ciudades de Estados Unidos seguían rebosantes por la cocaína, mariguana y estupefacientes. El Chapo Guzmán purgaría una cadena perpetua mientras la guerra contra las drogas continuaba y la disputa por las plazas entre viejos y nuevos cárteles al interior de México seguía. El Chapo Guzmán era el villano público, pero para las familias de Juan Antonio Salgado Burgoin, el policía de La Paz, y Javier Valdez Cárdenas, el periodista asesinado de *Ríodoce*, aún no había respuestas. El Chapo Guzmán envenenaba a la gente, pero en Estados Unidos las mismas farmacéuticas habían inundado el país de opioides, matando al menos a 64 mil personas en 2016, de acuerdo al Departamento de Salud del mismo país.[26] Había terminado el juicio del siglo. La estrategia de la guerra contra las drogas para Estados Unidos era un éxito. Todo era diferente, pero todo era igual. Había pasado todo y a la vez no había pasado nada.

EPÍLOGO

Cuando llegué a la sala 8D por primera vez, estaba segura de que seríamos testigos de un antes y un después de esta cobertura. En ese momento no sabía que me quedaría tres meses en esa corte, adicta, fascinada, obsesionada. Pero sabía que la estancia sería importante, principalmente, porque pensaba que sería testigo de algo histórico. Lo que no sabía era que cubrir el juicio del siglo cambiaría mi vida por la experiencia intensa que fue estar ahí, por existir en ese micro cosmos que nos absorbió y por tres meses nos redefinió. En ese mundo del juicio que no era transferible a la realidad, donde cada quien tenía su función: Jesús era el reportero del narco con las fuentes más increíbles, Marisa era la encargada de la lista y la voz de la razón, Sandro el más creativo que siempre nos hacía reír, Adam era nuestro protector, Víctor era a quien no se le escapaba un solo detalle, Keegan era la estrella de Twitter, Kevin el héroe silencioso que siempre llegaba antes que todos a formarse humildemente, incluso Emma Coronel Aispuro dejó de ser esa figura lejana y enigmática. Pasó de ser la esposa del acusado a convertirse en Emma, a la que saludábamos al entrar y con la que compartíamos la banca que le terminamos invadiendo. El juicio empezó y terminó de forma súbita, para dejarnos a muchos confundidos. ¿Cómo era la vida post Chapo? Nos preguntábamos. Había que descubrirlo.

Desde que el juez Cogan enunció el décimo "culpable" nos queda intentar descifrar lo que significó que enjuiciaran a Joaquín Guzmán Loera en el Distrito Este de la Corte Federal de Nueva York, en Brooklyn, y que lo hayan condenado. ¿Por qué purgará este hombre al menos una cadena perpetua en la prisión de máxima seguridad de Florence, en Colorado? ¿Qué significa que los únicos delitos que se le imputaron fueron los que cometió en Estados Unidos, los relacionados estrictamente con tráfico de droga? ¿Qué tan responsable es, de manera directa, de la violencia y la tragedia que azota a México desde hace más de una década? ¿Qué solución representa este juicio, si acaso hay alguna, y qué otras existen? ¿Hay justicia?

Para tratar de comprender con qué quedarnos, el periodista inglés, experto en narcotráfico, Ioan Grillo, ofrece su visión panorámica de las últimas décadas de la guerra contra las drogas, los procesos de justicia y un camino enfocado hacia la búsqueda de soluciones.

Cerca de la corte federal en Nueva York, después de que la fiscalía y la defensa terminaron de presentar sus pruebas, me senté con Ioan en un café a hablar de su experiencia reporteando sobre el narco en México y de sus impresiones del juicio.

Ioan Grillo es un periodista y escritor inglés radicado en la Ciudad de México. Ha cubierto América Latina desde 2001 para *Time Magazine*, CNN, Reuters, *The Houston Chronicle*, The Associated Press, GlobalPost, France 24, CBC, *The Sunday Telegraph*, *Letras Libres* y otros medios. Su trabajo ha sido publicado en *The New York Times*, BBC y *Guardian*. También es autor de los libros *Caudillos del crimen: de la Guerra Fría a las narcoguerras* (2016) y *El Narco: en el corazón de la insurgencia criminal mexicana* (2011).

¿Cuándo decidiste venir al juicio?
Desde que lo anunciaron... Incluso antes. He estado cubriendo muchas cosas y para el inicio me fue muy difícil venir, tengo una serie de compromisos en este momento que me impidieron manejarlo todo muy bien. Por ejemplo, estoy haciendo una investigación para un libro sobre tráfico de armas y justo en estos días me di cuenta de que iba a cerrar el juicio, así que ¡decidí asistir!

¿Conociste al Chapo, a su mamá, o a alguien del cártel?
De las personas más cercanas conocí a su mamá, a un primo... De hecho, en su pueblo, conocí a algunos de sus primos, también he entrevistado varias veces a un piloto del Chapo, sobre sus aviones. De lo más alto, esa gente. Del Cártel de Sinaloa he hablado con varios, desde sicarios, jefes de sicarios, gente que trafica drogas y gente del nivel más bajo. También de otros cárteles, muchos gatilleros, narcotraficantes, gente que siembra droga y gente que trabaja en los laboratorios. Incluso aquellos que trabajan de base; en México hay mucha gente que trabaja en este nivel, de base. Además, en otros países, empecé a entrevistar gente de narcotráfico, de pandillas, en Honduras, Colombia, Jamaica, Brasil, Venezuela, El Salvador, Guatemala... De hecho en estos países es más fácil tener acceso a los más altos rangos del narcotráfico.

Teniendo idea de la estructura, inicio y entramado del narcotráfico, ¿crees que en este proceso exista justicia o hay carencia de ella?
Si piensas en la cuestión más grande: cómo obtener justicia para lo que ha pasado en México en los últimos 20 años, o más; o cómo obtener justicia para la gente que ha muerto a causa de las drogas... Éste sería un juicio también a Estados Unidos.

Entonces, ¿cuál es el propósito? Cuando, en el sistema de justicia, alguien mata a una persona, hay que poner a ese alguien en la cárcel. Eso es justicia. Si alguien roba, lo castigas. Cuando ves algo de este tamaño, como el narcotráfico, entonces ¿qué significa? Que durante los últimos 40, 50 años, incluso más, han traficado toneladas de cocaína, heroína, metanfetaminas y mariguana; que han drogado a muchísima gente y que mucha gente ha muerto a causa de esto, de sobredosis.

En México son miles y miles los muertos gracias a esta pelea. ¿Qué hace este juicio por esto? Seguramente nada, o muy poco. No estoy diciendo que los policías y los fiscales no tienen la obligación de detenerlos, al contrario, son las leyes, es un delincuente de alto impacto y está bien que lo procesen y lo pongan en la cárcel. Pero ¿qué hace esto en términos de arreglar el daño social que existe en ambos lados? Estoy hablando de 70,000 personas con sobredosis por drogas, tan solo en el 2017, aunque la mayoría hable de opioides y cosas legales.

En México no sabemos ni la cifra exacta, 150,000 muertos en 10 años, podría ser. Por eso, ¿cómo arreglas el daño? Este juicio no lo hace. Este juicio expone sólo un poco de la compleja estructura de los cárteles. Pero de alguna forma, México, más que justicia, busca soluciones, soluciones a la violencia, que es lo que realmente le importa a la gente. O no sé, justicia para la gente que ha perdido a sus hijos inocentes por culpa de la violencia.

Porque es un conflicto armado lo que vive México, las peleas que tenía el Chapo con los Beltrán Leyva llevaron a conflictos que se hicieron más grandes y acrecentaron la fractura, fueron creciendo hasta llegar a enfrentamientos armados en Cuernavaca, los cuales mataron, por ejemplo, al hijo de Javier Sicilia. Es algo complejo.

Por eso, más que un juicio para buscar justica, sería como un tribunal en una guerra, ¿a quién culpamos? ¿Qué es realista? Está bien que lo pongan toda su vida en la cárcel, yo no lloro por eso. ¿Pero eso arregla los daños? En México no, no realmente.

Hablando de buscar soluciones, ¿qué opinas sobre que la política contra las drogas sea un tema de criminalización, incluso con los opioides? ¿Hacia dónde ves que se mueva en el futuro?

El primero en decir: "Guerra contra las drogas", fue Richard Nixon, en 1973 o 1971. El problema apenas estaba escalando, la gente de la DEA empezó agarrando personas que vendían droga en la calle, agarraban a uno y a otro, luego fueron por los capos... Así, en los setentas, empezó la idea de ir por los capos, por Pablo Escobar y después por El Chapo Guzmán.

Se arman casos de conspiración, casos complejos con gente que cuenta con años y años de experiencia; pero no hay una estrategia realmente pensada.

Si escuchas o ves los discursos de Richard Nixon, la meta es abolir las drogas por completo, que no haya heroína en la vida de los americanos, que no exista. Incluso en los noventas, en la ONU, se empezó a hablar de "un mundo sin drogas, podemos lograrlo". Luego, veinte años después, es claro que esto no funcionó. Incluso ellos ya no usan la frase de "guerra contra las drogas". Nosotros la usamos más que quienes están encargados de la guerra contra el "Zar de las Drogas", es decir el gobierno; ni ellos quieren hablar, porque implica una prohibición de drogas, una pelea contra el crimen organizado, un conflicto armado complejo que involucra cárteles, sicarios, soldados y policías corruptos de varias fuerzas.

Evidentemente ha sido un fracaso, no ha funcionado ni ha frenado el tráfico de drogas ni frenará la violencia. De hecho, ha creado más violencia. Pero la pregunta ahora es, ¿qué hacemos como sociedad? Los jóvenes, ¿cómo quieren recrear el mundo? ¿Qué política hacia las drogas es la que quieren? Es difícil.

Lo triste es que, en 2011 y 2012, yo estuve abogando por la legalización de la mariguana en Estados Unidos, pues podría disminuir la violencia en México. Pero se ha legalizado en muchos lugares de Estados Unidos y la violencia en México continúa, no ha disminuido. No ha funcionado.

¿Qué puedes decirme de tu experiencia cubriendo el narcotráfico?
Desde 2001 llevo cubriendo esto. Primero empezó el conflicto violento en Nuevo Laredo, yo lo cubrí. Incluso en aquel tiempo, cuando El Chapo había escapado, la gente no lo miraba de la misma manera como lo hace hoy en día. Eso empezó cuando lo vieron en la televisión, cuando lo vieron como EL narcotraficante.

Pero él empezó a mandar gente a Nuevo Laredo y comenzó la violencia. Lo seguí mucho porque estaba cubriendo la historia para *The Houston Chronicle,* era un tema de gran interés en Texas. Así empezaron a salir los muertos en 2005. La diferencia era que, en aquel tiempo, los Zetas estaban peleando como grupo paramilitar contra la gente del Chapo. El Chapo pensaba que mandando gente iba a extinguirlos.

Recuerdo algunas cosas: había una casa a donde mandaron gente de la MS-13, eran maras y trabajaban para el Cártel de Sinaloa. Los Zetas los mataron y pusieron ahí sus cuerpos con una nota diciendo: "Chapo Guzmán y Beltrán Leyva, mándanos más pendejos como éstos para que los matemos." Fue algo muy serio, pero aún no era nota a nivel nacional en México, sólo a nivel local y para el norte de Texas.

También fui a entrevistar a Alejandro Domínguez Cuello, en ese entonces era el director de una cámara de comercio, lo entrevisté en su oficina. Dos o tres semanas después lo nombraron Jefe de la policía en Nuevo Laredo. Tomó el poder y le preguntaron si tenía miedo de que lo mataran: dijo que no, no tenía miedo. Miedo que tuvieran los corruptos —me dijo cosas parecidas cuando lo entrevisté—; seis horas después lo mataron. Esa fue una nota que impactó. ¿Qué estaba pasando? Para mí, la explicación es que la violencia sobrepasó al Estado.

Después empecé a cubrir la violencia en Sinaloa. La primera vez que entrevisté a un sicario fuerte, a un jefe de sicarios, fue en el reclusorio de Ciudad Juárez. En aquel tiempo los medios de comunicación no teníamos testimonios así de duros sobre qué, o quién, había detrás de los muertos; ahora hay muchos, pero en aquel tiempo no teníamos.

Empecé a ir al reclusorio y a hacer relaciones periodísticas con los presos y la gente que estaba en la iglesia evangélica en la cárcel. Primero me encontré con un jefe de sicarios de Durango, empezó a confesar y a contar cómo decapitaba a la gente, cómo cortaba las cabezas de las personas cuando aún estaban vivas. Con el jefe de medios del reclusorio presente, y una cámara filmando, lo vimos confesar con la cara sin cubrir, incluso le pregunté si se estaba dando cuenta de lo que estaba haciendo.

En otra ocasión, cuando estaba cubriendo dos masacres en Sinaloa, en un pueblito que se llama El Pozo, vi filas de gente saliendo del pueblo con sus cosas cargadas en camionetas, como refugiados. Me di cuenta de que esto era una cosa grande. Que el país se iba a romper por este conflicto. Que no era una cuestión de policías y delincuentes, sino de un conflicto armado que destruiría al país. Y que este conflicto se había salido de control, se convirtió en una catástrofe humana.

Al principio, cuando llegué a México, fui inocente, fui joven y fui inocente. Cuando entrevistaba a la gente lo hacía como: "¡Wow!, un sicario, mataste gente." Pero luego, terminas con eso. Tantos muertos y tantas escenas horribles que ves en la calle…

Cuando llegué, la primera vez, casi no había visto muertos. Luego empecé a ver uno, dos y luego cinco… luego me tocó cubrir Monterrey, Cadereyta, 49 muertos. Todos los cuerpos sin cabeza; las manos, los pies, cortados. De tanto que se ve, uno empieza a hacerse duro.

En Tabasco, una vez fui a jugar cartas a un casino. Al terminar, regresé a mi hotel cuando de pronto me hablan al cuarto y me dicen: "Te voy a pasar al comandante." La voz siguiente dijo que era el comandante de la policía, que habían encontrado un coche robado en el estacionamiento del hotel y estaban checando a los huéspedes. Le dije que era periodista de Inglaterra, me pidió mi celular, dijo que había policías armados porque encontraron drogas y armas; cuando le dije el número, de inmediato sonó mi celular, contesté y me colgó en el teléfono del hotel. Me dijo que habría un grupo armado secuestrando en el hotel, "pero tú estás bien, vamos a checar tus referencias". Le pregunté: "¿Quién eres?, porque no eres policía", y me dijo: "No, somos del Cártel de Jalisco." Colgué, bajé corriendo a ver qué estaba pasando. Todo normal. Fui a recepción y les reclamé enojado y estresado. Me dijeron que hablaron al hotel preguntando por mí, sabían mi nombre. Cambié de cuarto y hablé al Comité de Protección a Periodistas. Esto fue el año pasado, en 2018.

Hay muchos casos tristes, casos personales. Un periodista con el que trabajé en Michoacán despareció en 2008, se llamaba Mauricio.[27] A Javier Valdez tuve el privilegio de conocerlo en 2008. Diego Osorno me había pasado su contacto, en ese entonces yo estaba en Tamazula, Durango; cuando regresé a Culiacán le hablé, de sorpresa. Me dijo: "Nos vemos en la cantina El Guayabo." Nos encontramos ahí, estaba solito, sentado en una mesa con una botella de whisky y un vaso. Platicamos toda la noche, nos emborrachamos, platicamos de todo. Me contó de sus épocas de estudiante, yo le contaba cosas de Inglaterra y mi etapa como punketo. Luego, en la noche, salimos cantando canciones de Amy Winehouse en su coche, acababa de salir su disco *Back to Black*. Javier siempre fue muy generoso, como todos los compañeros mexicanos, muy generosos con su conocimiento y con todo.

Hablando de Javier, sé que has escrito de su caso. Si el juicio no sirve para dar justicia, tal vez pueda ofrecer soluciones. ¿Crees que pueda ofrecer verdad? Con las preguntas que le hicieron a Dámaso López Núñez, ¿crees que hay algún valor en lo que puedan decir, las pistas que puedan ofrecer?
Se podría obtener un registro de lo que pasó en esos tiempos. En el caso de Javier, es la necesidad de resolver un caso incompleto.

El problema del juicio es que siembra más confusión, no aclara las cosas porque no sabemos la autenticidad de las versiones. Dámaso podría decir que ellos no lo mataron, pero no sabemos si eso es cierto o no. Podrán decir que le dieron 100 millones de dólares a Peña Nieto, pero no lo sabemos. Realmente no se aclara nada.

Hay algunas cosas de las que sí tenemos un registro, cuando nosotros como periodistas e historiadores documentamos los hechos, sí tenemos algo más que sólo decir: "Tal narco dijo esto y tal narco dijo aquello", no sólo un simple cuento de narcos. Aunque todavía quedan muchas dudas de lo que pasó. Para el caso de Javier, en particular, hay que buscar castigo, justicia. Yo tengo mis dudas sobre quién es el culpable, pero no quiero especular.

¿Qué tanto valor hay en el hecho de que en Estados Unidos se trate el tema de los periodistas como Javier; siendo que en México 99% de estos crímenes permanecen impunes?
Está bien que pregunten sobre los delitos en México, porque son mexicanos y todos los homicidios pasan allá. Está bien que pregunten. Pero México tiene que buscar soluciones. La

justicia es parte de las soluciones. El fiscal en México ha hecho detenciones, pero esto no ha frenado los ataques contra periodistas. Uno busca y busca, pero es cansado para los periodistas que luchan por defender a los compañeros, porque no frena este asunto... Pero hay que seguir empujando.

Para ti, ¿qué significa este juicio?
Es un hito histórico en esta guerra, esta narco-guerra en México que, para mí, es un conflicto armado con todos sus detalles, como lo son otros conflictos armados en el mundo. Sí, es un hito histórico. Es un punto de inflexión, teniendo en cuenta que a muchos personajes del narcotráfico se les ve como fantasmas. Hablamos del narco como un fantasma que sabemos que está matando gente, sobornando políticos, moviendo droga... Pero no lo vemos. Es como un fantasma, una persona que no está.

Viendo al Chapo en carne y hueso, como la persona que es, resulta una cuestión un poco triste, porque este mito, esa imagen de leyenda, El Chapo, fue creada por nosotros, los medios. Y es parte de una historia muy dañina para México, para tantas personas. El punto del juicio no es mostrar lo triste que ha sido lo que ha pasado en México. El propósito es mostrar que El Chapo es culpable de los cargos que tiene: tráfico de drogas.

¿Quieres agregar algo más?
Quiero dar un reconcomiento al periodismo mexicano. Tengo 18 años en México, una vida, pero sigo siendo extranjero y trabajando más con medios extranjeros.

Reconozco muchísimo el trabajo de los periodistas mexicanos porque una de las cosas que el juicio demostró es que las versiones que el periodismo mexicano sacó mucho tiempo antes acerca de numerosos hechos son ciertas. Y ahora son corroboradas. Periodistas como Jesús Blancornelas han ofrecido versiones de los sucesos, respaldadas con fuentes e investigaciones; ahora, muchas de esas cuestiones quedaron corroboradas.

Otra de las cuestiones que reconozco de los periodistas es la forma en que revelan la corrupción. Sí, el juicio da a conocer que el periodismo mexicano realmente saca desde la primera línea versiones de estas historias donde se asoman acciones corruptas.

Creo que el trabajo de los periodistas ha sido muy eficaz en contar estas situaciones del narco, esta guerra. En otros países hay crimen, pero no se ve tanto la gente detrás del crimen, al menos no tanto en comparación con México, porque aquí, en México, los periodistas han trabajado muy duro en contar y demostrar todo lo que pasa.

ANEXO 1

DÁMASO Y LA ESCUELA DEL GRAN DADOR

La nota crítica publicada por *Ríodoce* sobre Dámaso López Serrano, el *Minilic*, a la que se refirió Eduardo Baralezo el 23 de enero de 2019, en la Corte Federal de Nueva York, en Brooklyn, fue publicada el 8 de mayo de 2017, firmada por Javier Valdez Cárdenas.

"DÁMASO Y LA ESCUELA DEL GRAN DADOR"

Cada navidad y día de las madres, una fiesta. Cada día del niño o aniversario de la comunidad en Eldorado y esa región cercana que pertenece al Valle de San Lorenzo, una fiesta. Y en grande: la banda, los chirrines, el cantante Napoleón y la banda El Recodo, Los Tucanes de Tijuana y Julión Álvarez.

La gente recuerda a Dámaso López Núñez, el *Lic* o el *Licenciado,* por esa generosidad propia de los capos viejos. En las pachangas había comida, dulces para los niños, regalos para las madres. Y música, mucha música y bebidas. En esas sí participaba su hijo, el mayor, llamado el *Minilic,* Dámaso López Serrano, de quien se dice es bueno para el cotorreo pero no para los negocios. Sólo bebe las mieles que siembra y cosecha —o cosechaba— su padre.

El *Minilic,* narco de corridos por encargo y pistolero de utilería y de fin de semana, fue ubicado por agencias gubernamentales de Estados Unidos, como la Antidrogas (DEA), como posible sucesor de Joaquín Guzmán Loera, el *Chapo*. Lejos de la realidad, de las grandes operaciones de dólares y drogas, el junior se mueve con al menos veinte pistoleros, todos ellos con armas largas.

A él le gusta mostrar una que tiene cacha de oro e incrustaciones. Sabe de camionetas de lujo y de paseos y huateques. Su padre y su familia nacieron en Portaceli, una de las comunidades más grandes de la región, tienen negocios en la agricultura local y prácticamente todos los salones de fiestas. Nada qué ver con el capo en ciernes, el sucesor del *Chapo* o de su padre. Nada.

"Cuando hablan de él, es por las fiestas o por el cotorreo. Antes venía con su gente para acá, para los pueblos, pero ahora que se puso feo ya no vienen. Él solo anda en fiestas y gasta lo de su papá, pero no se dice que haga trabajos de esos, de los narcos. Nada de eso", afirmó uno de los habitantes del Valle de San Lorenzo, quien por seguridad pidió el anonimato.

Muchos saben que ya no está aquí, que por órdenes del *Licenciado*, mucho antes de que fuera detenido, fue sacado de la región o quizá del estado o tal vez del país.

"No lo vemos como alguien que puede ocupar la posición de jefe, como su padre. Él anda de paseo", manifestó otro.

Uno de sus hermanos menores juega futbol. Dámaso López lo ha respaldado a él y a sus compañeros de equipo para que tengan uniforme, balones y otros aditamentos. No son los únicos que reciben su apoyo para participar en competencias deportivas.

Pero la fiesta es la fiesta. Y ahí no escatimaron. Toda la noche y hasta la madrugada: derroche de baile, música y bebida, asistencia indiscriminada, regalos para los niños y las madres festejadas. Dámaso, el *Lic* o el *Licenciado*, no asiste siempre a estas pachangas. Pero en diciembre sí estuvo y fueron en grande y para muchos. A los vecinos y asistentes se les hizo raro que él acudiera. Ahora, con nostalgia, aseguran que algo presentía y que este diciembre fue su despedida.

"En diciembre comentamos que quizá ya sabía o presentía que le quedaba poco tiempo de libertad, porque hizo muchas fiestas y con grandes artistas y siempre estuvo él, cosa que antes no hacía."

De las fiestas ahora solo queda el recuerdo. Y la añoranza. Viene el 10 de Mayo, Día de las Madres, y no habrá quién, en medio de la guerra entre *dámasos* y *chapitos,* les lleve comida, música y regalos. Nadie sabe si los caminos seguirán desolados o habitados por epitafios como cardos y retenes de civiles empecherados y militares blindados.

ANEXO 2

DIAGRAMAS Y FOTOGRAFÍAS DEL JUICIO DEL SIGLO

SEMANA	FECHA	AUDIENCIA	SUCESOS Y TESTIMONIOS	SOBRENOMBRE	TESTIGO COLABORADOR
1	13/11/2018	1	Alegatos iniciales de la fiscalía: Adam Fels		
			Alegatos iniciales de la defensa: Jeffrey Lichtman		
	14/11/2018	2	Carlos Salazar		
			Robert C. Arnold		
			Jesús Reynaldo Zambada García	Rey	1
	15/11/2018	3	Jesús Reynaldo Zambada García		
	16/11/2018		**Fin de semana**		
	17/11/2018				
	18/11/2018				
2	19/11/2018	4	Jesús Reynaldo Zambada García	Rey	1
	20/11/2018	5	Jesús Reynaldo Zambada García		
			Thomas Lenox		
			Owen Putman		
			Michael Humphries		
			Receso por el Día de Acción de Gracias 21/11/2018 - 25/11/2018		
3	26/11/2018	6	Donald Charles Semesky, Jr.		
			Miguel Ángel Martínez Martínez	Gordo, Tololoche	2
	27/11/2018	7	Miguel Ángel Martínez Martínez		
	28/11/2018	8	Miguel Ángel Martínez Martínez		
	29/11/2018	9	Shawn Baker		
			Michael Gris		
			Scott Schoonover		
			Juan Carlos Ramírez Abadía	Chupeta	3
	30/11/2018		**Fin de semana**		
	01/12/2018				
	02/12/2018				
4	03/12/2018	10	Juan Carlos Ramírez Abadía	Chupeta	3
	04/12/2018	11	Juan Carlos Ramírez Abadía		
			Jamal Hornedo		
			Matthew Ryan		
			Germán Rosero Angulo	Barbas	4
	05/12/2018	12	Germán Rosero Angulo		
			Noel Maloney		

SEMANA	FECHA	AUDIENCIA	SUCESOS Y TESTIMONIOS	SOBRENOMBRE	TESTIGO COLABORADOR
	06/12/2018	13	Steven DeMayo		
			Robert Johnson		
			Adrian Ibáñez		
			Krishma James		
			Todd Bagetis		
	07/12/2018		Fin de semana		
	08/12/2018				
	09/12/2018				
5	10/12/2018	14	Tirso Martínez Sánchez	Futbolista, Centenario, Mecánico	5
	11/12/2018	15	Tirso Martínez Sánchez		
			Ernest Cain		
			Leilani Laureano		
			Jorge Milton Cifuentes Villa	Simón	6
	12/12/2018	16	Jorge Milton Cifuentes Villa		
			Jorge Milton Cifuentes Villa		
	13/12/2018	17	Todd Smith		
			Clifton Harrison		
	14/12/2018		Fin de semana		
	15/12/2018				
	16/12/2018				
6	17/12/2018	18	Jorge Milton Cifuentes Villa		
			Pablo Enrique Unda Cusin		
			Fernanda Patricia Jaya Qusilma		
	18/11/2018	19	Pedro Flores		7
	19/11/2018	20	Pedro Flores		
			Mario Elías		
	20/11/2018	21	Yeison Hernán Tapasco Suárez		
			Samuel Saúl Suárez Sarmiento		
			Humberto Velázquez Ardilla		
			Jhon Freddy Hincapié		
			Raúl Lozano		
			Curtis Williams		
			Max Kingery		
			America Pina		
			Receso por fiestas decembrinas 21/12/2018 - 02/01/2019		
7	03/01/2019	22	Vicente Zambada Niebla	Vicentillo	8
	04/01/2019	23	Vicente Zambada Niebla		
	05/01/2019		Fin de semana		
	06/01/2019				
8	07/01/2019	24	Vicente Zambada Niebla	Vicentillo	8
			José Moreno		
			Edgar Iván Galván		9
	08/01/2019	25	Stephen Marston		
	09/01/2019	26	Christian Rodríguez		10
			Christian Rodríguez		
	10/01/2019	27	Juan Aguayo		
			Alexander Hildebrando Cifuentes Villa	Panchito	11
	11/01/2019		Fin de semana		
	12/01/2019				
	13/01/2019				

SEMANA	FECHA	AUDIENCIA	SUCESOS Y TESTIMONIOS	SOBRENOMBRE	TESTIGO COLABORADOR
9	14/01/2019	28	Alexander Hildebrando Cifuentes Villa	Panchito	11
	15/01/2019	29	Alexander Hildebrando Cifuentes Villa		
	16/01/2019	30	Alexander Hildebrando Cifuentes Villa		
			Omar Antonio Rodríguez Méndez		
			Melissa Corradetti		
			Victor J. Vázquez		
	17/01/2019	31	Victor J. Vázquez		
			Jack Zappone		
			Lucero Guadalupe Sánchez López		12
	18/01/2019		**Fin de semana**		
	19/01/2019				
	20/01/2019				
	21/01/2019				
10	22/01/2019	32	Lucero Guadalupe Sánchez López		12
			Dámaso López Núñez	Licenciado	13
	23/01/2019	33	Dámaso López Núñez		
	24/01/2019	34	Dámaso López Núñez		
	24/01/2019	34	Isaías Valdez Ríos	Memín	14
	25/01/2019		**Fin de semana**		
	26/01/2019				
	27/01/2019				
11	28/01/2019	35	Isaías Valdez Ríos	Memín	14
			James Bradley		
			Brendan Hanratty		
	29/01/2019	36	El caso de la defensa: Paul Roberts, Jr.		
	30/01/2019	37	Alegatos de cierre de la fiscalía: Andrea Goldbarg		
	31/01/2019	38	Alegatos de cierre de la defensa: Jeffrey Lichtman Réplica de la fiscalía: Amanda Liskamm		
	01/02/2019		**Fin de semana**		
	02/02/2019				
	03/02/2019				
12	04/02/2019	39	Deliberaciones		
	05/02/2019	40			
	06/02/2019	41			
	07/02/2019	42			
	08/02/2019		**Fin de semana**		
	09/02/2019				
	10/02/2019				
13	11/02/2019	43	Deliberaciones		
	12/02/2019	44	Veredicto		

ESTATUS DE LOS TESTIGOS COLABORADORES EN EL SISTEMA JUDICIAL

TESTIGO COLABORADOR	AÑO DE ARRESTO	AÑO DE EXTRADICIÓN	LIBRE/ PRESO	SENTENCIA*	ESTATUS DE SUS PROCESOS**
Miguel Ángel Martínez Martínez	1998	2001	Libre	A 18 años	Cumplió su sentencia en 6 años
Juan Carlos Ramírez Abadía	2007	2008	Preso	No había recibido	Enfrenta 30 años máximo***
Germán Rosero Angulo	-	Se entregó en 2008	Preso	No había recibido	N/D
Pedro Flores	-	Se entregó en 2008	Preso	A 14 años	Purgando 14 años
Vicente Zambada Niebla	2009	2010	Preso	No había recibido	Enfrenta 10 años a cadena perpetua
Edgar Iván Galván	2011 en E.E.U.U.	-	Preso	A 24 años	Purgando 24 años
Jesús Reynaldo Zambada García	2008	2012	Preso	No había recibido	Enfrenta 10 años a cadena perpetua
Jorge Milton Cifuentes Villa	2012	2013	Preso	No había recibido	Enfrenta 10 años a cadena perpetua
Christian Rodríguez	-	-	Libre	Nunca se le presentaron cargos	Nunca se le presentaron cargos
Tirso Martínez Sánchez	2014	2015	Preso	No había recibido	Enfrenta 10 años a cadena perpetua
Alexander Hildebrando Cifuentes Villa	2013	2017	Preso	No había recibido	Enfrenta 10 años a cadena perpetua
Isaías Valdéz Ríos	2014	2014	Preso	No había recibido	Enfrenta 10 años a cadena perpetua
Lucero Guadalupe Sánchez López	2017 en E.E.U.U.	-	Preso	No había recibido	Enfrenta 10 años a cadena perpetua
Dámaso López Núñez	2017	2018	Preso	A cadena perpetua	Purgando cadena perpetua

*Actualizado al final del juicio (12/02/2019).

**Algunos de los testigos tienen imputaciones por más de un delito. Para propósito de esta tabla comparativa, se seleccionó la pena mínima y máxima del delito más grave que enfrenta cada uno.

***Por los tratados de extradición de Brasil, país donde lo arrestaron, enfrenta máximo 30 años. Por buena conducta se le puede reducir un 15%, por tanto purgaría 25 años.

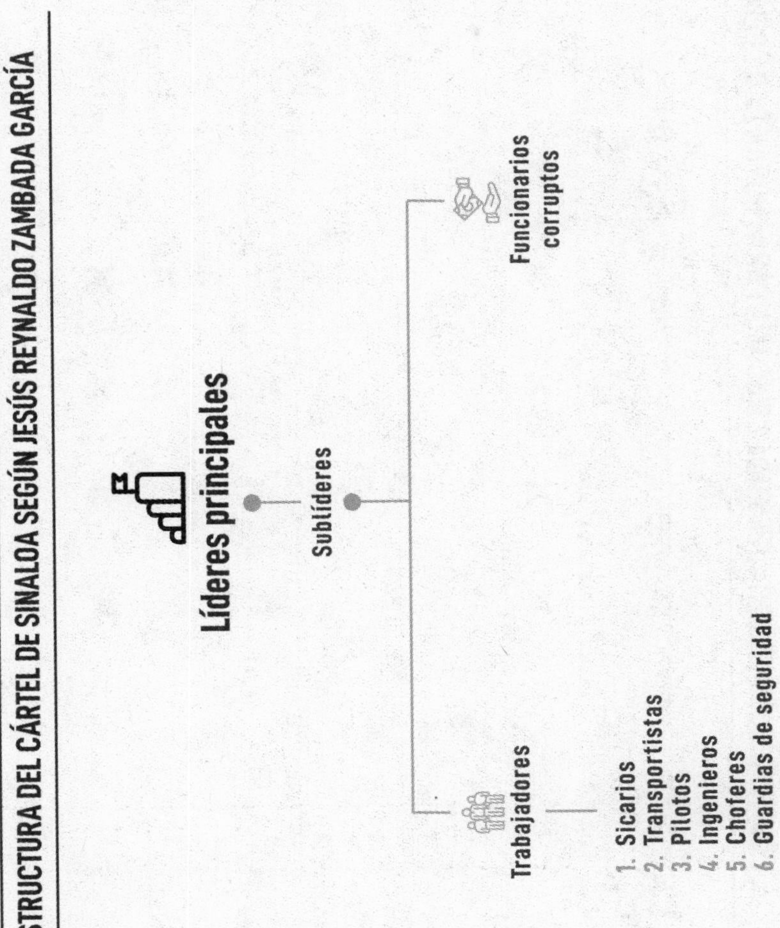
ESTRUCTURA DEL CÁRTEL DE SINALOA SEGÚN JESÚS REYNALDO ZAMBADA GARCÍA
Líderes principales
Sublíderes
Trabajadores
Funcionarios corruptos
1. Sicarios
2. Transportistas
3. Pilotos
4. Ingenieros
5. Choferes
6. Guardias de seguridad

EVIDENCIA Y TESTIMONIOS PRESENTADOS POR LA FISCALÍA PARA PROBAR CADA DELITO

DELITOS		Mensajes de texto, cartas desde prisión, llamadas interceptadas.	Jesús Reynaldo **Zambada García**	Miguel Ángel **Martínez Martínez**	Juan Carlos **Ramírez Abadía**	Germán **Rosero Angulo**	Tirso **Martínez Sánchez**	Jorge Milton **Cifuentes Villa**	Pedro **Flores**
Líder de una empresa criminal continua	1		✖	✖	✖	✖	✖	✖	✖
Conspiración para manufactura, importación y distribución de drogas	2	✖							
	3	✖							
	4	✖							
Distribución internacional de cocaína	5							✖	
	6		✖		✖	✖			
	7		✖		✖	✖			
	8		✖		✖	✖			
Uso de armas de fuego relacionado a narcotráfico	9		✖	✖	✖	✖			✖
Lavado de dinero de las procedencias del narcotráfico	10			✖		✖			✖

ANEXO 2

EVIDENCIA Y TESTIMONIOS PRESENTADOS POR LA FISCALÍA PARA PROBAR CADA DELITO

DELITOS		Vicente **Zambada Niebla**	Edgar Iván **Galván**	Christian **Rodríguez**	Alexander Hildebrando **Cifuentes Villa**	Lucero Guadalupe **Sánchez López**	Dámaso **López Núñez**	Isaías **Valdéz Ríos**
Líder de una empresa criminal continua	1	✖		✖	✖	✖	✖	✖
Conspiración para manufactura, importación y distribución de drogas	2							
	3							
	4							
Distribución internacional de cocaína	5				✖			
	6							
	7							
	8							
Uso de armas de fuego relacionado a narcotráfico	9	✖	✖		✖			✖
Lavado de dinero de las procedencias del narcotráfico	10						✖	

TESTIMONIOS PRESENTADOS COMO EVIDENCIA PARA PROBAR EL DELITO 1

DELITO 1: 27 DELITOS MENORES			Jesús Reynaldo **Zambada García**	Miguel Ángel **Martínez Martínez**	Juan Carlos **Ramírez Abadía**	Germán **Rosero Angulo**	Tirso **Martínez Sánchez**	Jorge Milton **Cifuentes Villa**	Pedro **Flores**
Llevar cocaína a los E.E.U.U.	Distribución internacional de cocaína con el Cártel del Norte del Valle	1							
		2							
		3							
		4							
		5							
		6	✖		✖	✖			
		7							
		8							
		9							
		10							
		11							
		12		✖	✖		✖		
	Distribución internacional de cocaína con la Organización Cifuentes Villa	13							
		14						✖	
		15							
	Distribución internacional de cocaína con otros proveedores de Sudamérica	16							
		17	✖						✖
		18	✖						
		19							
Distribuir cocaína en los E.E.U.U.	Distribución de cocaína, heroína y mariguana	20							
		21	✖	✖	✖		✖		✖
		22							
		23	✖	✖	✖		✖		
		24							
		25							✖
		26		✖					
Conspiración para cometer asesinato		27	✖	✖					

TESTIMONIOS PRESENTADOS COMO EVIDENCIA PARA PROBAR EL DELITO 1

DELITO 1: 27 DELITOS MENORES			Vicente Zambada Niebla	Edgar Iván Galván	Christian Rodríguez	Alexander Hildebrando Cifuentes Villa	Lucero Guadalupe Sánchez López	Dámaso López Núñez	Isaías Valdés Ríos
Llevar cocaína a los E.E.U.U.	Distribución internacional de cocaína con el Cártel del Norte del Valle	1							
		2							
		3							
		4							
		5							
		6							
		7							
		8							
		9							
		10							
		11							
		12							
	Distribución internacional de cocaína con la Organización Cifuentes Villa	13							
		14				✖			
		15							
	Distribución internacional de cocaína con otros proveedores de Sudamérica	16	✖					✖	
		17							
		18	✖				✖	✖	✖
		19							
Distribuir cocaína en los E.E.U.U.	Distribución de cocaína, heroína y mariguana	20							
		21		✖					
		22							
		23							
		24		✖					
		25							
		26							
Conspiración para cometer asesinato		27	✖		✖	✖	✖	✖	✖

1. La corte del Distrito Este de Nueva York, en Brooklyn. Foto de Alejandra Ibarra Chaoul.

2. Acreditación de la corte para acceder a la sala de prensa en el sexto piso. Foto de Alejandra Ibarra Chaoul.

3. Periodistas en la sala de prensa escribiendo sobre las declaraciones de Alexander Hildebrando Cifuentes Villa, en las que contó que Enrique Peña Nieto recibió sobornos de parte del Cártel de Sinaloa. Foto de Isaías Alvarado.

4. Lenta espera en la madrugada neoyorquina. Foto de Alejandra Ibarra Chaoul.

5. Al mal tiempo buena cara. Foto de Alejandra Ibarra Chaoul.

6. La espera para entrar a la ya mítica sala 8D. Foto de Alejandra Ibarra Chaoul.

7. Periodistas esperando entrar a la corte federal el día del vórtice polar a -14 grados. Foto de Marisa Céspedes.

8. Las filas en la madrugada y largas horas de espera afuera y adentro de la corte federal. Foto de Alejandra Ibarra Chaoul.

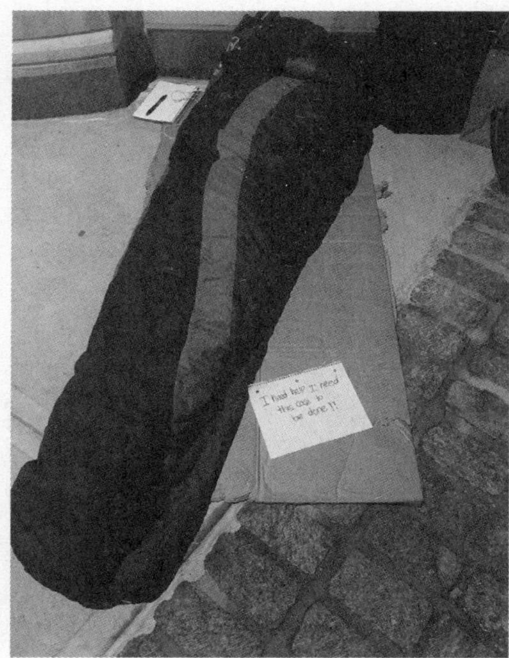

9. Noah Hurowitz de la revista *Rolling Stone* en un saco de dormir, sobre la banqueta afuera de la corte. Junto a él, un letrero: "¡Necesito ayuda! ¡Necesito que este caso termine!" Foto de Alejandra Ibarra Chaoul.

10. Miembros de la prensa afuera de la corte federal esperando el veredicto durante uno de los seis días de deliberaciones. Foto de Alejandra Ibarra Chaoul.

11. Algunos de los comentarios de la audiencia de *Ríodoce* el día del testimonio de Dámaso López Núñez, cuando se habló del plan para asesinar al comandante Juan Antonio Salgado Burgoin, en La Paz, Baja California Sur. Foto de Alejandra Ibarra Chaoul.

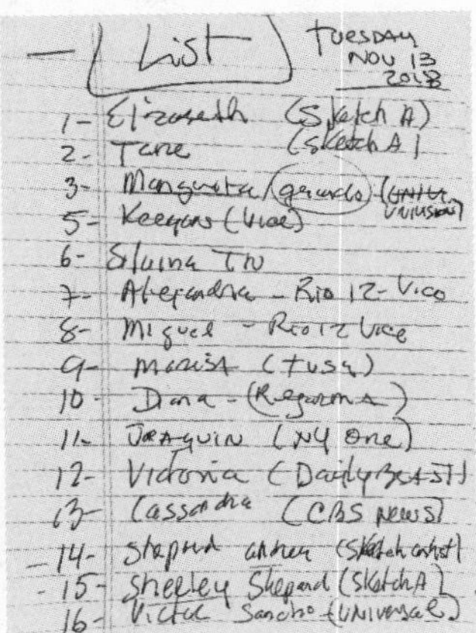

12. y 13. La primera lista —de 44— creada por Marisa Céspedes (11/13/2018).

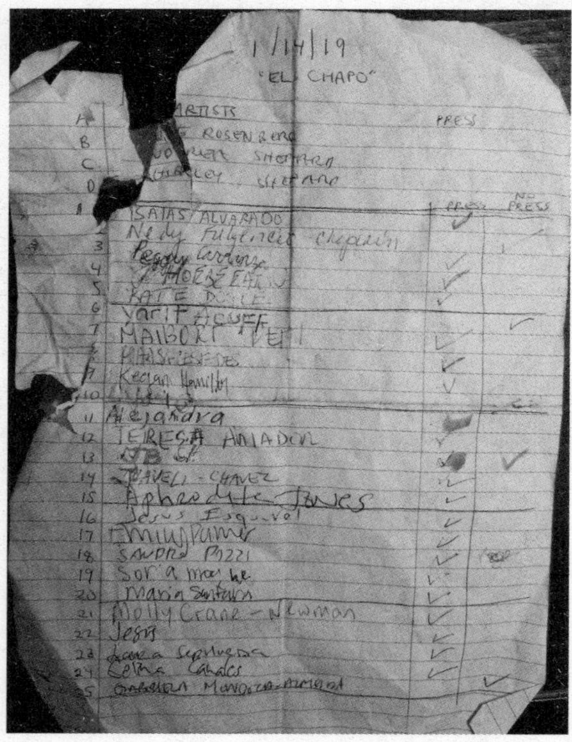

14. Los restos de la lista del 14 de enero de 2019, realizada por Andrea Shepard, con diferenciación entre "prensa" y "no prensa".

CHAPO-TRIAL DAY 39
February 4-2019
Artists
A-Elizabeth ✓ 4.00
B-Jane ✓ 4.51
C-Andrea ✓
D-Shelby ✓
1-Julio Saytan ✓
2-Carmen Saytan ✓
3-NEDY ✓ 11.30pm
4-Emily Palmer (P) ✓ 11.55pm
5-ROGELIO NORA (P) ✓ 12.09
6-Lourdes Hurtado (P) 12.09
7-MARISA CESPEDES (P) 12.43
8-MAIBORT PETIT (P) ✓ 1.29
9-LAURA SEPULVEDA (P) 1.29
10-ANN Mola 1.29
11-Emily BERK (P) 1.55
12-Victor Sancho (P) ✓ 2.00
13-MARIA SANTANA (P) 2.22
14-MollyCrane Newman (P) 2.29
15-EDGAR ZUNIGA ✓ 2.37
16-Keegan H ✓ 2:51
17-Claudia T. ✓ 2:56
18-Daniela ✓ 3:00
19-Jesus G. (P) ✓ 3:08
20-Noah Hurowitz ✓ 3:07
21-Marta Dhanis 3:09
22-Alejandra (P) ✓ 3:21
23-MARINA ALAMO ✓ 3.39
24-ANGÉLICA VARGAS 3.40
25-KEVIN (P) ✓ 4.15
26-Vicino 4.15
27-SILVINA 5:03
28-Sonia moghe (P) ✓ 5:08
29-HANNA 6.00
30-Adam (P) 6.05
31-Sandra (P) 6.10
32-Nayeli (P) 6.15
33-Carlos (P) 6.22
34-Tara (P) 6.45
35-Rut (P) 6.50
36-Helen (P) 6.55
37-ALLY (P) 6.55
38-Melissa (P) 6.59
39-IRENE (P) 7.28
40-Bedard 7.28
41-GABRIELA (P) 7.
42-Blanca (P)
43-
44-
45-Calado el pescado
46-el insospechado
47-Rodrigo pinede
48-Consodra
49-pensaron que
50-tuvimos que
51-pedir ayuda
52-a los marshalls
53-Creo un caos
54-
55-
56-

15., 16. y 17. La lista de la audiencia número 39, primer día de deliberaciones, creada por Marisa Céspedes con hora de llegada y "(P)" para prensa (04/02/2019).

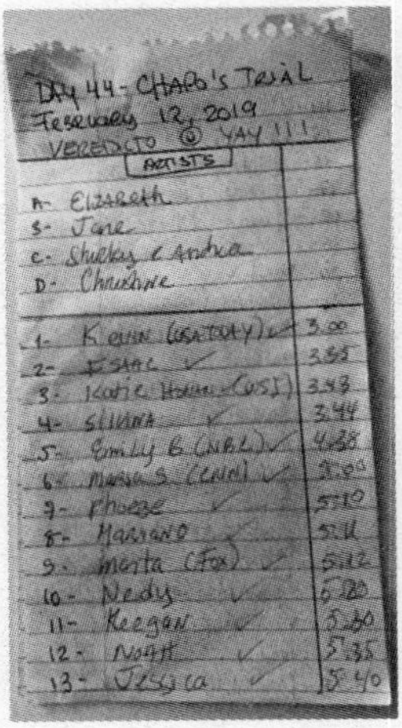

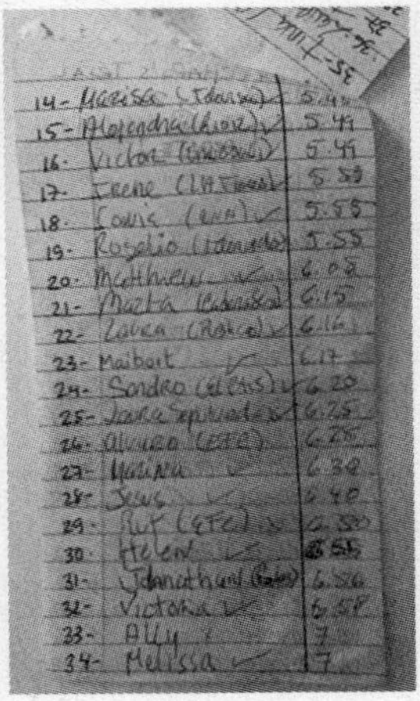

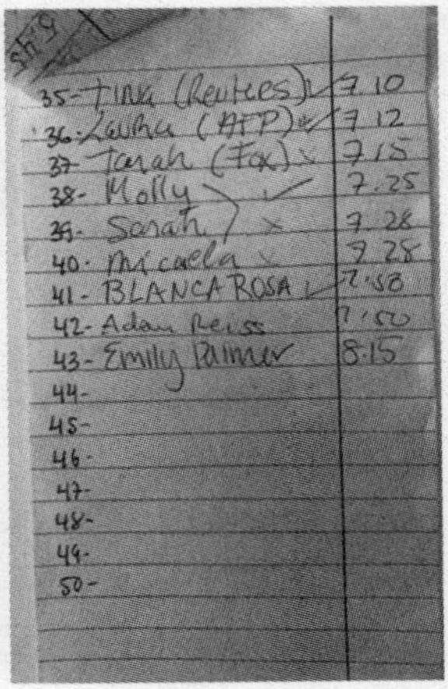

18., 19. y 20. La lista del último día, el día del veredicto (12/02/2019). Creada por Marisa Céspedes.

NOTAS

[1] Secretaría de Relaciones Exteriores, "Tratados Internacionales", Protocolo al Tratado de Extradición entre los Estados Unidos Mexicanos y los Estados Unidos de América del 4 de Mayo de 1978 - SRE, consultado el 4 de enero de 2019, https://aplicaciones.sre.gob.mx/tratados/muestratratado_nva.sre?id_tratado=1091&depositario=0.

[2] Univision, "La vida de Joaquín 'El Chapo' Guzmán en 10 Narcocorridos", Univision, November 01, 2017, consultado el 4 de enero de 2019, https://www.univision.com/series/el-chapo/la-vida-de-joaquin-el-chapo-guzman-en-10-narcocorridos.

[3] Villafañe, Veronica. "Univision Announces Premiere Date for 'El Chapo' Final Season." Forbes. Junio 15, 2018. Consultado el 4 de enero de 2019. https://www.forbes.com/sites/veronicavillafane/2018/06/13/univision-announces-premiere-date-for-el-chapo-final-season/#48c467386499.

[4] "INEGI: Homicidios en México registran récord en 2017." *El Universal*. Julio 31, 2018. Consultado el 4 de enero de 2019. https://www.eluniversal.com.mx/nacion/seguridad/inegi-homicidios-en-mexico-registran-record-en-2017.

[5] Segers, Grace. "Who is Felix Sater and What´s his Role in Michael Cohen´s Plea Deal?" CBS News. CBS Interactive, noviembre 30, 2018, www.cbsnews.com/news/who-is-felix-sater-and-whats-his-role-in-michael-cohens-plea-deal/.

[6] Naylor, Brian. "Trump Foundation to Dissolve Amid New York Attorney General´s Investigation." NPR, NPR, diciembre 18, 2018, www.npr.org/2018/12/18/677778958/trump-foundation-to-dissolve-amid-new-york-ags-investigation.

[7] M., José Guaderrama. "¿Quién es el general Toledano, que 'El Rey' acusa de recibir sobornos del Narco?" *La Silla Rota*, lasillarota.com/nacion/quien-es-el-general-toledano-que-el-rey-acusa-de-recibir-sobornos-del-narco-emma-coronel-general-morelos-guerrero/257954.

[8] La Redacción. "Confirma la PGR la muerte de Ramón Arellano." *Proceso*, marzo 13, 2002, www.proceso.com.mx/240544/confirma-la-pgr-la-muerte-de-ramon-arellano.

[9] Corresponsales. *La Jornada. La Jornada del campo*. Julio 13, 2005. Consultado el 17 de febrero de 2019. https://www.jornada.com.mx/2005/07/15/index.php?section=politica&article=018n1pol.

[10] Hernández, Evangelina e Ignacio Alvarado. "La tragedia seguía al 'zar antidrogas'." *El Universal*. Noviembre 4, 2008. Consultado febrero 17, 2019. http://archivo.eluniversal.com.mx/nacion/172556.html.

[11] REDACCIÓN. "Lugo Félix, el funcionario de PGR que "El Chapo" mandó matar." La Silla Rota. November 19, 2018. Accessed February 17, 2019. https://lasillarota.com/nacion/lugo-felix-el-funcionario-de-pgr-que-el-chapo-mando-matar-beltran-leyva-aeropuerto-cocaina/258320.

[12] Thompson, Ginger. "Un operativo de la DEA jugó un papel oculto en la desaparición de cinco mexicanos inocentes." ProPublica. Diciembre 21, 2017. Consultado el 17 de febrero de 2019. https://www.propublica.org/article/un-operativo-de-la-dea-jugó-un-papel-oculto-en-la-desaparición-de-cinco-mexicanos-inocentes.

[13] *El País* - México. "Especial: Año 11 de la guerra contra el narco." *EL PAÍS*. Diciembre 03, 2016. consultado febrero 24, 2019. https://elpais.com/especiales/2016/guerra-narcotrafico-mexico/.

[14] Becerril, Andrea. "Medina Mora mintió sobre su papel en *Rápido y furioso:* PRD." *La Jornada*, marzo 7 de 2015, www.jornada.com.mx/2015/03/07/politica/011n1pol.

[15] Feuer, Alan. "The El Chapo Trial: New York's Newest Tourist Destination." *The New York Times*. Diciembre 18, 2018. Consultado febrero 18, 2019. https://www.nytimes.com/2018/12/18/nyregion/el-chapo-trial-tourism.html.

[16] Telemundo, Noticias. "Entrevista en exclusiva a Emma Coronel, esposa de Joaquín El Chapo Guzmán / Noticias Telemundo." YouTube, YouTube, diciembre 10 de 2018, www.youtube.com/watch?v=N0t-MZBT2ykw.

[17] García, Arturo Rodríguez. "El General Miranda, clave en la descomposición." *Proceso*. Enero 07, 2019. Consultado febrero 20, 2019. https://www.proceso.com.mx/566442/el-general-miranda-clave-en-la-descomposicion.

[18] Schuster, Dana, and Dana Schuster. "Sarma Melngailis Had a Steamy Affair with Her Married Lawyer." *New York Post*. Enero 13, 2019. Consultado feberero 23, 2019. https://nypost.com/2019/01/12/sarma-melngailis-had-an-x-rated-relationship-with-her-married-lawyer/.

[19] Schuster, Dana, et al. "El Chapo Lawyer Who Sexted Sarma Melngailis May Be Barred from Visiting Drug Lord." *New York Post*, New York Post, enero 14 de 2019, nypost.com/2019/01/13/el-chapo-lawyer-who-sexted-sarma-melngailis-may-be-barred-from-visiting-drug-lord/.

[20] Cabrera Martínez, Javier. "Reitera PAN Sinaloa que "Chapodiputada" nunca fue militante." *El Universal*. Junio 22, 2017. Consultado febrero 16, 2019. http://www.eluniversal.com.mx/articulo/estados/2017/06/22/reitera-pan-sinaloa-que-chapodiputada-nunca-fue-militante.

[21] Redacción, Animal Político . "Hay más de 40 mil desaparecidos en México: Gobernación." Animal Político. Enero 17, 2019. Consultado febrero 23, 2019. https://www.animalpolitico.com/2019/01/40-mil-desaparecidos-mexico-victimas-sin-identificar/.

[22] Turati, Marcela, Alejandra Guillén y Mago Torres. "El país de las 2 mil fosas." Quinto Elemento Lab. Noviembre 12, 2018. Consultado febrero 23, 2019. https://quintoelab.org/project/el-pais-de-las-2-mil-fosas.

[23] "The Mexico Conference 2.0: Same Challenges, Different Expectations." David Rockefeller Center. Consultado febrero 22, 2019. https://drclas.harvard.edu/event/mexico-conference-20-same-challenges-different-expectations.

[24] Hernández, Érika. "Ronda en Badiraguato sombra del 'Chapo'." *Reforma.* Febrero 16, 2019. Consultado febrero 25, 2019. https://www.reforma.com/aplicacioneslibre/preacceso/articulo/default.aspx?id=1610596&urlredirect=https://www.reforma.com/aplicaciones/articulo/default.aspx?id.

[25] Hernández, Belem. "AMLO estará en Durango el próximo 15 de febrero." Febrero 7, 2019. Consultado el 22 de febrero de 2019. https://www.elsoldedurango.com.mx/local/amlo-estara-en-durango-el-proximo-15-de-febrero-2889484.html.

[26] Departamento de Salud y Servicios Humanos, "El secretario en funciones declara emergencia de salud pública para hacer frente a la crisis nacional de opioides". Mayo 23, 2018. Consultado febrero 25, 2019. https://www.hhs.gov/about/news/2017/10/26/hhs-acting-secretary-declares-public-health-emergency-address-national-opioid-crisis.html.

[27] Mauricio Estrada Zamora desapareció en Apatzingán, Michoacán en 2008.

Alejandra Ibarra Chaoul ha participado activamente en investigaciones para *The New Yorker* y Univision. Ha publicado sus artículos en *Nexos*, *Horizontal*, *Worcester Magazine*, *The Haitian Time*s y en el libro de periodismo narrativo *No basta con encender una vela* (2015). Cubrió el juicio contra Joaquín El Chapo Guzmán como corresponsal para *Ríodoce*. En 2014 fue seleccionada como una de las diez escritoras jóvenes con más potencial para la primera edición de *Balas y baladas*, de la Agencia Bengala. En 2017 fue finalista del Premio internacional de crónica Nuevas Plumas. Y en 2018 recibió una de las doce becas otorgadas por The Brown Institute for Media Innovation con la que fundó y dirige Democracy Fighters, un archivo vivo que conserva los trabajos de los periodistas asesinados en México. Es politóloga egresada del Instituto Tecnológico Autónomo de México (ITAM) y maestra en Periodismo de investigación por la Universidad de Columbia.